Inhalt

Mit Vollkorn backen	5
Aus echtem Schrot und Korn	6
Das Getreidekorn hat's in sich	6
Getreidearten	8
Getreideprodukte	12
Getreideeinkauf und -lagerung	15
Getreidemühlen und Flockenquetsche	16
Die Zutaten der Vollkornbäckerei	18
Teiglockerungsmittel	18
Backzutaten	20
Brotbacken leichtgemacht	22
Geräte und Hilfsmittel	22
Vollwertige Zutaten	23
Wichtige Tips zum Brotbacken	24
Die häufigsten Fehler beim Brotbacken	25
Der Sauerteig	26
Backfermentbrote	27
Grundrezepte	28
Der Rührteig	30
Der Hefeteig	32
Der Mürbeteig	34
Der Strudelteig	36
Der Quark-Öl-Teig	37
Der Brandteig	38
Der Biskuitteig	40
Kuchen und Kleingebäck	42
Obstkuchen und Torten	58
Pizzas, Tartes und Quiches	86
Brötchen und Brote	100
Weihnachtsbäckerei	124
Spezielles für Getreideallergiker	144
Rezeptverzeichnisse	159

Mit Vollkorn backen

Haben Sie Spaß am Backen? Möchten Sie Ihre Familie und sich selbst gesund ernähren? Dann wagen Sie doch einfach einmal den Einstieg in die Vollkornbäckerei oder – wenn Sie schon mit Vollkornmehl backen – lassen Sie sich dazu anregen, neue Rezepte auszuprobieren.

Im Mittelpunkt der Vollkornbäckerei steht natürlich immer das ganze Getreidekorn in seiner einzigartigen biologischen Ausgewogenheit. Es wird stets erst kurz vor der Verwendung gemahlen und behält somit alle in ihm vorhandenen Vitamine, Mineralstoffe, Spurenelemente, Fette, Proteine und Ballaststoffe. Das bringt nicht nur gesundheitliche Vorteile, sondern bedeutet auch eine große geschmackliche Bereicherung, denn Vollkornmehl besitzt wesentlich mehr Aroma als das handelsübliche weiße Auszugsmehl. Außerdem kann es nicht nur aus Weizen, sondern auch aus frischgemahlenem Dinkel, Grünkern, Roggen, Hafer, Mais und Buchweizen sowie aus frischgemahlener Hirse und Gerste hergestellt werden. So können Sie für Ihre Kuchen und Brote immer neue Geschmacksvarianten ausprobieren.

Einerlei jedoch, ob Sie einen einfachen Napf- oder Obstkuchen oder eine aufwendigere Biskuittorte aus frischgemahlenem Getreide und anderen naturbelassenen Zutaten backen, Sie werden sehr schnell merken, daß Vollkorngebäck immer sättigender, bekömmlicher und geschmacksintensiver ist als die aus weißem Mehl und sehr viel Zucker hergestellten Backwaren bei Ihrem Konditor.

Sie können Ihr Vollkorngebäck unbesorgt genießen und brauchen dabei nicht immer schuldbewußt an die Waage zu denken, denn die sättigenden Ballaststoffe im vollen Korn sorgen für eine natürliche »Eßbremse« und ersparen Ihnen somit das lästige Kalorienzählen. Wagen Sie sich nach den ersten gelungenen Versuchen in Sachen Vollkornkuchen dann auch einmal ans Brotbacken. Frisches, selbstgemachtes Brot ist immer wieder ein kleines Wunder, das aus unscheinbarem graubraunem Teigbrei entsteht. Riechen Sie, ob der Hefe- oder der Sauerteig reif ist, schmecken Sie, ob er gut gewürzt wurde, fühlen Sie, ob der Teig nach dem Kneten die richtige elastische Konsistenz hat, und hören Sie, ob das Brot nach dem Backen auch hohl klingt, wenn Sie auf seine Unterseite klopfen. Und ganz zum Schluß lassen Sie sich dann, so hoffe ich, von seinem verführerischen Duft immer wieder dazu verlocken, ein »Eigenbrötler« zu bleiben.

Ich wünsche Ihnen viel Spaß beim Ausprobieren der Rezepte und ein gutes Gelingen.

Ihre Maren Bustorf-Hirsch

Die Erklärung wichtiger Abkürzungen und Zeichen:

EL	=	Eßlöffel
TL	=	Teelöffel
g	=	Gramm
kg	=	Kilogramm
Msp.	=	Messerspitze
l	=	Liter
ml	=	Milliliter
cm	=	Zentimeter
Ø	=	Durchmesser

Bei den Löffelangaben handelt es sich generell um gestrichene Maße. Die Mengenangaben beziehen sich stets auf den verzehrfähigen Anteil.

Aus echtem Schrot und Korn

Die Geschichte der Ernährung mit Getreide ist eng mit der Geschichte der Menschheit verbunden, denn als die Menschen anfingen, die Samen der wildwachsenden Gräser aufzubewahren und wieder auszusäen, wurden sie seßhaft: Sie bauten sich Unterkünfte und legten Äcker an. Dieser Schritt wird als der Ursprung unserer Kultur betrachtet. Nicht von ungefähr hat ja auch der Begriff »Kultur« seine Wurzel im lateinischen Wort »cultura«, das nichts anderes bedeutet als Ackerbau. Im Laufe der Jahrtausende wurden dann aus diesen wildwachsenden Gräsern in kleinen Schritten die einzelnen Getreidearten kultiviert und zum Teil auch neue gezüchtet. So entwickelte sich das Getreide für den größten Teil der Menschheit zum Grundnahrungsmittel Nummer 1, denn es läßt sich nicht nur ohne besondere Vorkehrungen aufbewahren – und ist damit sowohl für den Verzehr als natürlich auch für eine neue Aussaat jederzeit verfügbar –, sondern es versorgt die Menschen auch in ausgewogener Weise mit einer großen Anzahl lebensnotwendiger Nährstoffe.

Das Getreidekorn hat's in sich

Betrachtet man ein Getreidekorn im Querschnitt, so erkennt man, daß es aus drei wesentlichen Teilen besteht:
– dem Mehlkörper
(80 Prozent des Korns)
– dem Keimling
(5 Prozent des Korns)
– und den Randschichten
(15 Prozent des Korns)

Die einzelnen Inhaltsstoffe des Getreidekorns sind nun allerdings nicht – wie man vermuten könnte – auf diese drei Bestandteile gleichmäßig verteilt. Im Gegenteil, sie kommen darin in ganz unterschiedlichen Mengen und Zusammensetzungen vor.
So besteht der Mehlkörper hauptsächlich aus Stärke und aus etwas Eiweiß. Hier ist vor allem bei Weizen, Dinkel, Hafer und Roggen das sogenannte Klebereiweiß hervorzuheben, das in erster Linie für die Backfähigkeit des Getreides verantwortlich ist. Es sorgt in Verbindung mit Wasser und bei ausdauerndem Kneten für eine dauerhafte Struktur des Gebäcks. Alle anderen Getreidearten besitzen dieses Klebereiweiß nicht. Aus diesem Grunde gelten sie auch als »Breigetreide« und können höchstens als Zusatz beim Brotbacken verwendet werden.
Der Keimling enthält die genetischen Anlagen der zukünftigen Pflanze. Er ist damit der wichtigste und auch der gehaltvollste Teil des Getreidekorns, denn er besteht aus hochwertigem Eiweiß (26 Prozent) und aus Fetten (10 Prozent, einschließlich der Linolsäure) sowie aus vielen Vitaminen, Enzymen und Mineralstoffen.
Die dunkelgefärbten Randschichten (Frucht- und Samenschale sowie die Aleuronschicht) sind fest miteinander verbunden. Sie enthalten ebenfalls zahlreiche Vitamine und Mineralstoffe und darüber hinaus auch große Mengen an unverdaulichen Ballaststoffen (5 bis 10 Prozent).
Alle im Getreidekorn vorkommenden Substanzen bilden ein harmonisch ausgewogenes Ganzes und haben zunächst einmal die Aufgabe, den Keim optimal zu ernähren, wenn er bei geeigneter Temperatur und genügend Feuchtigkeit zum Leben erwacht. Erst wenn sich die Keimblättchen und die zarten Wurzeln gebildet haben, ist das kleine Pflänzchen in der Lage, diese Aufgabe selbst zu übernehmen. Aber nicht nur das keimende Getreidekorn wird optimal mit Nährstoffen versorgt. Auch für den Menschen sind die Inhaltsstoffe des Getreidekorns für seine Ernährung sehr wichtig. So stellt Getreide eine bedeutungsvolle Vitaminquelle dar, wobei besonders die Vitamine der B-Gruppe, Vitamin E und in geringen Mengen auch ß-Carotin eine wichtige Rolle spielen. Zusätzlich liefert das Getreide auch wichtige Mineralstoffe wie vor allem Kalium, Phosphor, Eisen, Magnesium, Kupfer und Mangan. Allerdings ist der Mineralstoffgehalt der einzelnen Getreidesorten recht unterschiedlich, er kann sogar – abhängig von den Bodenverhältnissen und der Anbauweise – bei einer Sorte beträchtlich variieren.
Leider wird die Bedeutung der Ballaststoffe für die menschliche Ernährung auch heute noch häufig unterschätzt; Ballaststoffe sind nämlich kein unnötiger Ballast. Sie besitzen die Fähigkeit, die Flüssigkeit im Darm zu binden und dadurch den Speisebrei aufquellen zu lassen. Durch das vergrößerte Volumen regen sie die Darmmuskulatur an

und sorgen so für einen natürlichen, regelmäßigen Stuhlgang. Zusätzlich beeinflussen Ballaststoffe auch das Wachstum bestimmter Darmbakterien positiv, die dann wiederum für eine bessere Ausnutzung des Speisebreis sorgen können. Einige Ballaststoffe sind außerdem in der Lage, im Dickdarm Gallensäure zu binden, was sich günstig auf den Cholesterinspiegel auswirkt. Zusätzlich haben sie auch die Fähigkeit, Giftstoffe in der Nahrung zu binden, so daß diese schneller ausgeschieden werden.

Ballaststoffreiche Speisen müssen erst einmal lange und gründlich gekaut werden, bevor sie in den Magen gelangen dürfen. Im Regelfall bleiben sie dort dann auch länger, so daß nicht so schnell ein neues Hungergefühl aufkommen kann. Die Darmfunktionen werden – wie schon erwähnt – aktiviert, und unter anderem wird dadurch auch die Darmpassagezeit verkürzt. Ebenso haben Ballaststoffe auch eine dämpfende Wirkung auf den Anstieg des Blutzuckers beim Verzehr von Kohlenhydraten.

Alles in allem viele Gründe, die dafür sprechen, Vollkorngetreide zu essen und damit auch den Verzehr von Ballaststoffen wieder zu steigern. Die Gesundheit und das Wohlbefinden werden so gefördert.

Getreidearten

Weizen ①
Weizen ist das heutzutage am häufigsten angebaute Getreide. Er steht an erster Stelle in der Weltproduktion und ist das Grundnahrungsmittel von gut der Hälfte der Erdbevölkerung.
Die Ursprünge des Weizens sind ungewiß. Man vermutet aber, daß er seit etwa 5000 Jahren angebaut wird, und zwar sowohl in Europa als auch in China, Nordafrika und Kleinasien.
Da Weizen äußerst anpassungsfähig ist, konnte jede Landschaft eine ungeheure Artenvielfalt ihrer speziellen Weizensorte entwickeln. Im Handel gibt es nur noch wenige Arten, sogenannte Hybridweizen, bei denen das Getreide auf hohen Ertrag, kurzen Halm und ähnliche Merkmale hin gezüchtet wird. Diese Eigenschaften passen in den nur auf wirtschaftlichen Gewinn ausgerichteten Anbau und fördern die Abhängigkeit von chemischen Düngern und Pflanzenschutzmitteln.
Vom Anbau her unterscheidet man Winterweizen (Aussaat im Herbst) und Sommerweizen (Aussaat im Frühjahr), wobei Winterweizen meist höhere Erträge liefert, dafür aber einen geringeren Klebergehalt aufweist.
Da die Backeigenschaften beim Weizen bekanntlich ganz ausgezeichnet sind, wird er auch hauptsächlich gemahlen zu Broten, zu Gebäck und zu Nudeln verarbeitet. Üblicherweise benutzt man dazu aber nicht den frischgemahlenen Weizen, sondern das weiße Auszugsmehl. Bei letzterem fehlen die Randschichten und die Keime des Kerns völlig und damit leider auch die meisten seiner wertvollen Inhaltsstoffe. Das sind vor allem die Vitamine B1, B2, Niacin, Pantothensäure sowie Magnesium, Phosphor, Eisen, Natrium, Kalium und andere Mineralstoffe. Hart- oder Durumweizen ist eine Weizenart mit einem hohen Klebergehalt und einer glasigen Struktur. Sein Mehl ist sehr hell und wird überwiegend zur Herstellung von Teigwaren verwendet.

Dinkel ② **und Grünkern** ③
Der Dinkel gehört botanisch gesehen zur Familie der Weizenarten, ist allerdings keine neue Züchtung, sondern wurde bereits vor etwa 3000 Jahren im heutigen Israel und in Nordafrika angebaut.
In Mitteleuropa fand man ihn besonders häufig in Süddeutschland. Ortsnamen wie Dinkelsbühl und die Bezeichnung »Schwabenkorn« für Dinkel weisen darauf hin. Nach dem 2. Weltkrieg ging der Anbau in diesen Regionen aber fast ganz zurück, hauptsächlich deshalb, weil der Ertrag von Dinkel wesentlich geringer ist als der von Weizen und sich auch durch intensive Düngung kaum steigern läßt. Hinzu kommt, daß man Dinkel wegen seiner leicht brüchigen Ährenspindeln auch sehr schlecht mit dem Mähdrescher ernten kann. Da das Dinkelkorn überdies noch fest von einem Spelz umschlossen ist, muß dieser durch ein zusätzliches, spezielles Verfahren entfernt werden.
In letzter Zeit wird Dinkel allerdings wieder wesentlich häufiger angebaut. Das liegt zum großen Teil daran, daß er fast noch bessere Backeigenschaften besitzt als Weizen, weil er einen so hochwertigen Kleber hat. Außerdem wird sein nußartiger Geschmack sehr geschätzt.
So wird Dinkel in der Vollkornbäckerei nicht nur zum Backen von Brötchen und Broten, sondern besonders gerne auch zum Kuchenbakken genommen. In allen Rezepten kann er jederzeit anstelle von Weizen verwendet werden.
Grünkern ist Dinkel, der in der sogenannten Milchreife geerntet und anschließend einem speziellen Röstverfahren unterworfen wird, wodurch er sein herzhaft-würziges Aroma erhält. Allerdings ist er aufgrund der Hitzebehandlung weder keim- noch allein backfähig. Man verwendet ihn daher bei Brotteig oder bei pikantem Gebäck höchstens als kleinen geschmackgebenden Zusatz. In erster Linie wird mit Grünkern gekocht.

Roggen ④
Ursprünglich kam Roggen nur als Unkraut im Weizenfeld vor und wurde erst um etwa 1000 v. Chr. in Asien in eigener Kultur angebaut. Er liebt ein kühles Klima und stellt längst nicht so hohe Ansprüche an den Boden wie Weizen. Aus diesem Grunde wird er besonders in nördlichen Gegenden und in Bergregionen angebaut. Bereits bei den Germanen war dieses Getreide eines der Grundnahrungsmittel und ist es heute noch in Nordeuropa und in der Sowjetunion.
Der Eiweißgehalt des Roggens ist zwar etwas geringer als der des Weizens, dafür ist aber sein hoher Mineral- und Ballaststoffanteil sehr wichtig für die Ernährung. Seine Kohlenhydrate bestehen nicht nur aus Stärke, sondern auch aus Dextrinen (höheren Zuckern), die auch seinen etwas süßlichen Geschmack ausmachen. Lange Backzeiten und ein Kochen mit Nachquellen fördern dieses Aroma und verbessern auch die Verdaulichkeit des Roggens.
Wie Weizen so enthält auch Roggen sogenanntes Klebereiweiß, das ihn zu einem ausgezeichneten Brotgetreide macht. Allerdings unterscheidet es sich erheblich von dem des

Weizens. Der Roggenkleber liefert niemals so leichte, luftige Brote wie der Weizenkleber. Er muß außerdem vor dem Backen stets gut aufgeschlossen werden. Aus diesem Grunde backt man Roggen stets mit einem Sauerteig oder einem sogenannten Backferment. Roggenbrote, die mit Hefe gebacken werden, gehen schlecht auf, schmecken weniger aromatisch und sind auch schlechter verträglich. Daher sollte Hefe als Triebmittel nur dann verwendet werden, wenn der Teig mindestens zu 50 Prozent aus Weizen besteht. Lebkuchen und Knäckebrot wurden übrigens früher stets aus Roggen hergestellt. Heute wird bei diesen Gebäckarten allerdings häufig nur noch Weizen verwendet.

Buchweizen ⑤
Buchweizen gehört, botanisch gesehen, nicht wie alle anderen Getreidesorten zur Familie der Süßgräser, sondern zu den Knöterichgewächsen. Er gedeiht besonders gut auf sandigen Geest- und Heideäckern (daher kommt auch sein Name »Heidekorn«) und ist äußerst widerstandsfähig, so daß er selbst im konventionellen Landbau selten mit Pestiziden gespritzt wird. Hauptsächlich wird er in der Sowjetunion angebaut, aber man findet ihn auch in anderen Gegenden Asiens und Europas, darunter auch in Norddeutschland.
Buchweizen ist sehr leicht verdaulich. Er enthält etwa 12 Prozent Eiweiß (mit einem hohen Anteil an Lysin) und viele Vitamine und Mineralstoffe.
Man kann die Buchweizenkörner im ganzen kochen, sie aber auch wie jedes andere Getreide mahlen. Durch seinen leicht nußartigen Geschmack eignet er sich gut zum Kuchenbacken. Da ihm das Klebereiweiß fehlt, kann man ihn zum Brotbacken lediglich als Zusatz verwenden.
Besonders Getreideallergiker backen sehr gerne mit Buchweizen.

Hafer ⑥

Er war einst das Grundnahrungsmittel der Kelten und Germanen, denn er gedeiht sehr gut in feuchtem und kühlem Klima. Heute wird er besonders in Mittel- und Nordeuropa aber auch in Nordamerika und Australien angebaut.

Die Haferkörner sind fest von Spelzen umschlossen, die für den Menschen unverdaulich sind und daher vorher durch Schälen entfernt werden müssen. Manchmal finden sich allerdings noch einige Spelzenreste im Hafer. Sie bleiben selbst beim Kochen hart und machen sich so störend bemerkbar. In der Regel können sie aber leicht aus dem Getreide weggeblasen werden. Es gibt jedoch beim Hafer auch eine spelzenfreie Sorte, den sogenannten Nackthafer.

Von allen Getreidesorten ist Hafer, zusammen mit Hirse, das fettreichste Getreide. Er ist dadurch natürlich äußerst nahrhaft und stärkt außerdem durch seinen hohen Mineralstoffgehalt die körperliche und die geistige Leistungsfähigkeit. Neben der Stärke enthält der Hafer auch schleimbildende Kohlenhydrate, die seine gute Bekömmlichkeit bedingen. Deshalb wird er auch sehr gerne als Heilnahrung und in der Säuglings- und Kinderernährung verwendet.

Im Gegensatz zu Roggen und Weizen ist Hafer ein sogenanntes Breigetreide, denn ihm fehlt das Klebereiweiß. Aus diesem Grunde nimmt man ihn beim Brotbacken lediglich als Zusatz. Besonders in Form von Haferflocken kann er zum Kuchenbacken jedoch recht gut verwendet werden.

Gerste ⑦

Die Gerse ist eine der ältesten Kulturpflanzen, die wir auf der Erde kennen. In archäologischen Funden aus Vorderasien hat man Gerstenkörner nachweisen können, die aus der Zeit um 7000 v. Chr. stammen. Da Gerste in relativ kurzer Zeit heranreift und auch keine großen Ansprüche an ein warmes Klima stellt, wächst sie sogar noch im Himalajagebiet in 4500 Meter Höhe. Das Gerstenkorn ist fest von Spelzen umschlossen, die erst entfernt werden müssen, bevor das Korn weiterverarbeitet werden kann. Allerdings hat man inzwischen auch eine spelzenlose Gerstensorte gezüchtet, die hauptsächlich zum Keimen verwendet wird. Aufgrund ihres wesentlich geringeren Ertrages wird sie aber selten angebaut.

Gerste spielte schon immer eine große Rolle, nicht nur in der Ernährung, sondern hauptsächlich auch in der Heilkunst der Völker. Wegen ihrer leichten Verdaulichkeit und ihrer schleimbildenden Wirkung wird sie besonders von Kranken mit Magenschleimhaut- und Darmreizungen geschätzt. Außerdem besitzt sie sehr viele Vitamine und ist von allen Getreidesorten am besten mit Mineralstoffen ausgestattet.

In der Küche wird Gerste hauptsächlich zum Kochen verwendet. Ihr Anbau hat sich aber nicht deshalb nach dem 2. Weltkrieg so ausgeweitet, sondern weil der Bierkonsum – Bier wird ja bekanntlich aus Gerste gebraut – enorm zugenommen hat. Zum Backen allein eignet sich Gerste nicht. Sie kann nur in kleinen Mengen hinzugegeben werden, weil ihr auch das Klebereiweiß fehlt, das dem Brot unter anderem die Struktur gibt.

Hirse ⑧

Botanisch gesehen gehört die Hirse wie alle Getreidearten zur Familie der Süßgräser. Sie bevorzugt für ihr Wachstum sandige, aber mineralstoffhaltige Böden und viel Wärme, durch die sie bereits in 100 Tagen ausreifen kann. So liegt es auf der Hand, daß die Hirse heutzutage hauptsächlich in Afrika, Indien und China angebaut wird.

Die Hirsekörner sind auch fest von Spelzen umschlossen, die vor dem Verzehr entfernt werden müssen. Aus diesem Grunde gibt es sie hauptsächlich in geschälter Form zu kaufen, denn sie würde sonst beim Kochen hart und fest bleiben. Ungeschälte Hirse nimmt man für die Sprossenzucht.

Hirse liefert viele Vitamine und Mineralstoffe. Ihr hoher Eisen-, Fluor- und Kieselsäuregehalt ist besonders hervorzuheben. Die Kieselsäure kräftigt Haare und Nägel und ist gut für die Haut. Insofern ist die leicht verdauliche Hirse nicht nur ein gutes Lebensmittel für Menschen mit einem empfindlichen Verdauungssystem, sondern sie kann auch als Heilnahrung bei den zunehmenden Hautallergieerkrankungen eingesetzt werden.

Aus Hirse kocht man hauptsächlich süße und pikante Getreidegerichte. Selbstverständlich kann man sie aber auch auf einer Getreidemühle fein mahlen. Das Mehl kann dann zum Backen von Keksen, Pfannkuchen und Kuchen verwendet werden. Nur Brot kann man allein aus Hirse nicht backen, weil ihrem Eiweiß ebenfalls der Kleberanteil fehlt.

Mais ⑨

Der Mais war die wichtigste Anbaupflanze der Inkas, der Azteken und der Mayas. Die Europäer lernten ihn erst im 16. Jahrhundert kennen, als die Seefahrer ihn von ihren Entdeckungsreisen mitbrachten.

Die Maispflanze bevorzugt milde, nährstoffreiche Böden mit viel Wasser. Sie ist sehr anpassungsfähig und gedeiht deshalb sowohl in den Tropen als auch in den USA und in Europa. Hier wird Mais heutzutage hauptsächlich als Viehfutter angebaut. Botanisch gesehen ist Mais mit der Hirse verwandt. Allerdings sind seine gelben Körner wesentlich größer und auch härter als die der Hirse und unserer heimischen Getreidesorten. Deshalb kann er auch nicht auf allen Getreidemühlen gemahlen werden.

Mais wird, in geschroteter oder gemahlener Form, hauptsächlich zum Kochen verwendet, weil auch er kein Klebereiweiß besitzt und sich daher ebenfalls nicht gut zum Brotbacken eignet. In Südamerika werden deshalb auch aus Mais traditionellerweise lediglich Fladen gebacken. Allerdings wird er heutzutage besonders gerne von denjenigen verwendet, die an einer Unverträglichkeit von Getreideeiweiß (Zöliakie) leiden oder eine Allergie gegen unsere heimischen Getreidesorten haben.

Reis [10]
Der Vollständigkeit halber soll an dieser Stelle der Reis nicht unerwähnt bleiben. Er ist heute in der ganzen Welt verbreitet und dient fast der Hälfte der Menschheit als Hauptnahrungsmittel.
Allerdings wird er fast nur in gekochter Form verwendet. Man kann ihn zwar mahlen, sein Mehl wird aber, da es wenig Eigenaroma besitzt, höchstens als Zusatz zum Backen für diätetische Zwecke verwendet.

Amaranth und Quinoa
Für Getreideallergiker, die auf Weizen, Grünkern, Dinkel, Roggen, Hafer und Gerste verzichten müssen, sind diese beiden sogenannten »Inkagetreide« ideal. Quinoa zählt zu den Hauptnahrungsmitteln der in den Anden lebenden Indianer. Die Krautpflanze entwickelt nach Selbstbestäubung etwa 2 Millimeter große Samen, die wie Getreide gemahlen werden können. Amaranth wird heute in Bolivien, Mexiko und Argentinien kultiviert. In Peru wird er seit neuestem auch gezüchtet, um den Bewohnern der Anden eine bessere Eiweißversorgung zu ermöglichen. Die kleinen, 1 bis 2 Millimeter großen Körner sind die Samen einer Fuchsschwanzpflanze.

Getreideprodukte

Ganze Körner
Sind die Getreidekörner unverarbeitet und werden sie unter geeigneten Bedingungen aufbewahrt, so bleiben alle in ihnen enthaltenen Nährstoffe ein bis drei Jahre erhalten. Das kann man daran erkennen, daß die Getreidekörner während dieser Zeit keimfähig bleiben und wieder ausgesät werden können. Sie sind sozusagen eine Naturkonserve ersten Ranges und stehen dadurch für die menschliche Ernährung ohne besondere Maßnahmen jederzeit zur Verfügung.
Wird das Getreide jedoch geschrotet, gemahlen oder gequetscht, verflüchtigen sich schon nach drei Stunden die Aromastoffe; es beginnt ein allmählicher Zersetzungsprozeß der Inhaltsstoffe. So werden durch den Einfluß von Licht, Sauerstoff und Wärme langsam Enzyme, Vitamine und andere Inhaltsstoffe zerstört. Das Fett im Keimling beginnt sich zu zersetzen, so daß Mehl, Schrot oder Flocken allmählich ranzig werden. Sechs Wochen später hat das so verarbeitete Getreide dann kaum noch einen gesundheitlichen Wert.

Getreidesprossen
Läßt man die Getreidekörner unter dem Einfluß von Feuchtigkeit und Wärme keimen, so erhält man die Getreidesprossen. Sie werden nach zwei bis drei Tagen geerntet, wenn der Keim ungefähr so lang ist wie das Getreidekorn.
Man verwendet die Getreidesprossen am besten frisch, zum Beispiel als Müsli oder für Salate, für Suppen und als Beigabe zu Gemüse. Wer will, kann sie aber auch unter einen Brot- oder Brötchenteig mischen.

Weizengras
Läßt man Weizensprossen weiterwachsen, so entwickeln sich unter dem Einfluß von Licht in den ersten acht bis zwölf Tagen bald kleine grüne Blättchen. Diese Pflänzchen haben – ähnlich wie die Sprossen – einen ganz charakteristischen Geschmack. Man spricht in dieser Wachstumsphase vom Weizengras. Auch aus allen anderen Getreidesorten lassen sich neben Sprossen auch Gräser heranziehen.
Wer mehr über Getreidesprossen und -gras und darüber, wie man beide zu Hause selbst ziehen kann, erfahren möchte, der findet in dem Buch »Keime und Sprossen in der Naturküche« reichlich Informationen und Rezepte. Dieses Buch ist ebenfalls im FALKEN Verlag erschienen.

Getreideflocken
Neben den verschiedenen Mehltypen kann man auch Getreideflocken im Handel kaufen. Die bekanntesten sind dabei wohl immer noch die Haferflocken.
Für die Flockenherstellung werden die Getreidekörner zunächst gedarrt, entspelzt, gedämpft und anschließend zwischen beheizten Walzen zerdrückt. Durch diese Behandlungsweise sind Getreideflocken zwar relativ lange haltbar, erleiden allerdings natürlich durch den Erhitzungsprozeß einen hohen Vitamin- und Mineralstoffverlust.
Im Handel gibt es bei den Getreideflocken – ähnlich wie beim Mehl – große Unterschiede zwischen den einzelnen Sorten. So werden Vollkornflocken aus ungeschälten Getreidekörnern hergestellt. Sie enthalten also noch den Keim und die Randschichten, verlieren aber, wie schon erwähnt, durch das Erhitzungsverfahren Inhaltsstoffe. Großblattflocken dagegen werden zwar aus ganzen Körnern hergestellt, doch diese können unter Umständen vorher geschält sein. Kleinblattflocken werden nur aus zerschnittenen, gegrützten Getreidekörnern gewonnen. Beide haben damit natürlich einen wesentlich geringeren Vitamin- und Mineralstoffgehalt als frisch gequetschte Vollkornflocken.
Heutzutage ist es allerdings möglich, mit Hilfe einer sogenannten Flockenquetsche im Haushalt selbst frische, nicht wärmebehandelte Getreideflocken unmittelbar vor dem Verzehr herzustellen.

Vollkornmehl – Auszugsmehl
Mit der beginnenden Industrialisierung im letzten Jahrhundert, die es ermöglicht hat, Getreide nun schnell und in großen Mengen zu mahlen, überlegte man, auf welche Weise gemahlenes Getreide haltbar gemacht werden könnte. Die Lösung war schon bald gefunden: Entfernt man nämlich beim Getreide die Randschichten und den Keimling und mahlt allein den Mehlkörper,

so erhält man das handelsübliche Haushaltsmehl. Dieses ist nahezu unbegrenzt haltbar und verfügt außerdem über ausgezeichnete Backeigenschaften. Für eine gesunde Ernährung ist es aber nahezu wertlos, denn mit dem Abschälen der Randschichten und dem Entfernen des Keimlings hat man leider auch den größten Teil der wertvollen Enzyme, Vitamine, Mineralstoffe, Proteine und Fette sowie die für unsere Verdauungsprozesse so wichtigen Ballaststoffe entfernt.

Dieser »Abfall« wandert als hochwertiges Viehfutter in die Tröge der Zuchttiere, oder aber er wird fein säuberlich abgepackt und teuer als getrocknete Weizenkeime oder als Kleie in vielfältiger Form verkauft. Beides streut man dann zur Verbesserung des Nährwertes über die durch den Verarbeitungsprozeß wertlos gewordenen Nahrungsmittel.

Mehltypen

Die im Handel erhältlichen Mehlsorten unterscheidet man nach ihrem Ausmahlungsgrad und damit nach den sogenannten Mehltypen. Der Ausmahlungsgrad gibt an (gemessen in Prozent), welcher Anteil der Getreidekörner (bezogen auf das Gewicht) nach dem Mahlen im Mehl enthalten ist. Hat etwa ein Mehl einen Ausmahlungsgrad von 50 Prozent, so fällt nach dem Mahlen nur die Hälfte des Getreides als Mehl an. Die andere Hälfte wurde während des Verarbeitungsprozesses entfernt und anderweitig verwendet. So hat Vollkornmehl zum Beispiel einen Ausmahlungsgrad von 100 Prozent. Je höher der Ausmahlungsgrad eines Mehles ist, desto hochwertiger ist seine Qualität. Die Mehltypen dienen zur Kennzeichnung des Ausmahlungsgrades. Sie sind stets auf der Verpackung vermerkt und geben den mittleren Asche- beziehungsweise Mineralstoffgehalt des Mehles an. Gemessen wird er in Milligramm pro 100 Gramm Mehltrockensubstanz. Weizenmehl Type 405 enthält danach 405 Milligramm Mineralstoffe pro 100 Gramm Mehltrockensubstanz; Weizenvollkornmehl Type 1700 entsprechend 1700 Milligramm Mineralstoffe. Bei frischgemahlenem Weizen liegt der Mineralstoffgehalt zwischen 1700 und 2000 Milligramm pro 100 Gramm. Man kann sich merken: Je höher die Typenzahl ist, desto höher ist auch der Anteil an Randschichten. Mit steigender Typenzahl wird das Mehl nicht nur dunkler, sondern es enthält auch wesentlich mehr Mineralstoffe. Alle anderen käuflichen Getreideprodukte wie Getreidegrützen, -graupen, -grieß und -stärke sind mehr oder weniger verarbeitete, zum Teil auch isolierte Produkte, bei denen die wichtigen Inhaltsstoffe des Getreidekorns meistens ganz fehlen.

	Vollkornmehl (mg/100 g)	Weißmehl Type 405 (mg/100 g)	Verlust (in %)
Vitamine			
Vitamin B_1	0,48	0,06	88
Vitamin B_2	0,14	0,03	79
Vitamin B_6	0,44	0,18	59
Niacin	5,10	0,70	86
Vitamin E	3,20	2,30	28
Mineralstoffe			
Eisen	3,3	1,95	41
Kalium	502,0	108,00	78
Kalzium	43,7	15,00	66

Vitamin- und Mineralstoffgehalt von Weizen und Weizenmehl
(nach von Koerber, Männle, Leizmann: Vollwert-Ernährung, Heidelberg 1981)

Getreideeinkauf und -lagerung

Weißes Auszugsmehl kann man überall kaufen und zu Hause ohne Schwierigkeiten sehr lange aufbewahren. Vollkornmehl dagegen ist – wie schon erwähnt – nicht lange haltbar und sollte daher am besten erst kurz vor seiner Verarbeitung gemahlen werden. Möchte man aus diesem Grunde ganze Getreidekörner kaufen, so stellt man sehr schnell fest, daß sie längst nicht überall erhältlich und im Vergleich zum weißen Auszugsmehl auch wesentlich teurer sind.

Da stellt sich zunächst die Frage, welches Getreide man wo am besten kaufen kann und was man dabei beachten muß:

Jedes Getreide sollte beim Kauf keimfähig sein, denn nur dann enthält es alle Nähr- und Vitalstoffe in optimaler Menge. Der Handel bietet inzwischen Getreide mit einer zu 90 oder mehr Prozent garantierten Keimfähigkeit an.

Zusätzlich sollte das Getreide natürlich auch gereinigt sein. Das bedeutet, daß das »Rohgetreide« in verschiedenen Reinigungsstufen von Sand, Metallteilchen, Steinchen, Unkraut, Strohresten und Insektenteilchen befreit wurde. Besonders die Entfernung des Mutterkorns aus dem Getreide ist wichtig. Es entsteht, wenn die Blütenstände des Getreides mit einem speziellen Pilz infiziert werden. Der schwarze, kornähnliche Pilz hat einen hohen Alkaloidgehalt und kann Vergiftungen hervorrufen. Auf eine gute Reinigung ist daher besonders zu achten, wenn man das Getreide direkt beim Bauern kauft.

Wegen der zunehmenden Umweltverschmutzung und des intensiven Einsatzes von Chemikalien in der Landwirtschaft enthält leider auch das Getreidekorn zahlreiche Schadstoffe. Neben Rückständen von che-

Weizenähren mit Mutterkorn

mischen Düngemitteln, Herbiziden, Insektiziden und Fungiziden finden sich darin auch Schwermetalle wie zum Beispiel Cadmium und Quecksilber. Da sich viele der schädlichen Stoffe vornehmlich in den Randschichten anreichern, enthält das volle Korn zwangsläufig mehr Schadstoffe als das geschälte. Aber da Getreide im Vergleich zu anderen Lebensmitteln insgesamt relativ niedrige Schadstoffgehalte aufweist, besteht kein Grund, auf nährstoffreiche Vollkornprodukte zu verzichten und statt dessen weißes Auszugsmehl zu verwenden. Viele der oben erwähnten Schadstoffe finden sich außerdem nicht in Getreide aus kontrolliert-biologischem Anbau. Selbstverständlich können Sie bei dem hohen Luftverschmutzungsgrad auch hier kein völlig schadstoffreies Getreide erwarten. Sie können jedoch sicher sein, daß die Böden bei den kontrolliert-biologischen Anbaumethoden nicht mit Kunstdünger bearbeitet und die Halme nicht mit chemischen Pflanzenschutzmitteln oder Halmverkürzern behandelt wurden. Auch das Saatgetreide wurde nicht der besseren Haltbarkeit wegen mit quecksilberhaltigen Substanzen gebeizt und das eingebrachte Korn nicht mit Blausäure besprüht, um es vor Schädlingen zu schützen.

Beim kontrolliert-biologischen Anbau verzichtet man bewußt auf Höchsterträge und versucht, mit einer ganzheitlichen Betrachtungsweise die Natur als Kreislauf zu verstehen. So widmet man sich gezielt dem Aufbau und der Pflege des Bodens, trachtet durch Fruchtfolgen und Mischkultur das natürliche Gleichgewicht der Natur zu schützen und ist bemüht, ein vollwertiges Lebensmittel zu verkaufen.

Die Produkte aus kontrolliert-biologischem Anbau, die die Bauern mit dem geschützten Warenzeichen ihrer Organisation (Demeter, Bioland, Anog, Biokreis Ostbayern, Naturland) verkaufen, erhalten Sie in Reformhäusern und Naturkostläden oder direkt bei den einzelnen Bauern auf deren Höfen oder auf Märkten. Wer keinen geeigneten Raum oder nicht viel Platz für die Lagerung von Getreide hat, wird es wahrscheinlich stets in kleineren Mengen in Naturkostläden oder Reformhäusern kaufen. Wer allerdings häufig mit frischgemahlenem Vollkornmehl backt oder kocht, sollte Getreide in großen Mengen kaufen und zu Hause lagern. So ist es nicht nur wesentlich billiger, man spart durch den einmaligen Großeinkauf auch viel Zeit und hat das Getreide dann stets zur Verfügung.

Wichtig ist allerdings, daß man das Getreide niemals in einem feuchten Raum lagert. Es könnte sonst anfangen zu schimmeln oder auch so feucht werden, daß es die Mahlsteine der Mühle verklebt. Es wird daher am besten in einem trockenen, möglichst dunklen Raum bei Temperaturen zwischen 12 und 18° C gelagert. Dafür sind Holzkisten und Jute- oder Leinensäcke besonders gut geeignet. Ein Luftaustausch sollte dabei immer möglich sein. Wenn man dann das Getreide in den Säcken von Zeit zu Zeit gut schüttelt oder es mit den Händen durchrührt, ist es auch bestmöglich vor einem eventuellen Befall mit Schädlingen geschützt.

Getreidemühlen und Flockenquetsche

Die meisten Menschen sind heutzutage gewohnt, das nahezu unbegrenzt haltbare weiße Auszugsmehl im Supermarkt zu kaufen. Sie wissen daher oft nicht, daß Vollkornmehl nicht lange haltbar ist, sondern ein ähnlich empfindliches Produkt ist wie zum Beispiel frische, nicht pasteurisierte Milch oder ein geriebener Apfel. Aus diesem Grunde und auch, weil es sonst sehr schnell einen großen Teil seiner Vitamine und Mineralstoffe verliert, sollte Vollkornmehl am besten erst kurz vor seiner Verarbeitung gemahlen werden.

Wer gerade erst einmal ausprobieren möchte, wie Vollkorngebäck zubereitet wird und wie es dann schmeckt, wird wohl zunächst den Dienst von Reformhäusern und Naturkostläden in Anspruch nehmen und sich dort das Getreide frisch mahlen lassen. Wer aber bereits mehr mit Vollkorn backt und kocht, möchte bald jederzeit die gewünschte Menge an Getreide zu Hause mahlen und dann sofort zur Verfügung haben. Deshalb tritt schon bald die Frage nach einer eigenen Getreidemühle auf, einem Gerät, das dann im Handumdrehen zu einem unentbehrlichen Helfer in der Küche und besonders in der Vollkornbackstube wird.

Der Kauf einer solchen Mühle ist aber für viele nicht leicht, denn es gibt inzwischen eine Vielzahl von Modellen, die sowohl verschiedene Antriebs- als auch Mahlwerke haben und im Preis ganz beträchtlich differieren. Es ist sehr wichtig, sich vor dem Kauf möglichst mehrere Mühlen anzusehen und vorführen zu lassen, denn die optimale Mühle gibt es nicht. Jede hat ihre Vor- und Nachteile, und es liegt an einem selbst, diese für sich persönlich richtig einzuschätzen.

So gibt es Handmühlen, die sich besonders für Ein- und Zwei-Personen-Haushalte eignen. Mit ihnen kann man sehr gut Schrot für das Frischkornmüsli oder für eine Getreidegrütze mahlen. Benötigt man hingegen feineres Mehl für Kuchen oder größere Mengen zum Brotbakken, so sind Zeitaufwand und Kraftanstrengung ungeheuer groß. Die Erfahrung hat gezeigt, daß dann schon bald eine zweite, elektrische Mühle gekauft wird. Diese werden in unterschiedlichen Ausführungen angeboten: Eine relativ preiswerte Möglichkeit ist die Anschaffung eines Mahlvorsatzes für eine bereits vorhandene Küchenmaschine oder auch für einen sogenannten Motorblock. Teurer, dafür aber meist auch wesentlich leistungsfähiger, sind Kompaktgeräte. Darunter versteht man die Mühlen, die ausschließlich für das Mahlen von Getreide entwickelt wurden und daher einen robusten, langlebigen und unempfindlichen Industriemotor besitzen.

Doch ebenso wichtig wie die Frage nach dem elektrischen Antrieb ist auch die nach dem Mahlwerk der Mühle. Da gibt es zum einen das sogenannte Stahlkegelmahlwerk, das ohne Schwierigkeiten alle Getreidesorten (meist lediglich mit Ausnahme von Mais) und alle Ölsaaten (zum Beispiel Leinsamen und Sonnenblumenkerne) verarbeiten kann. Aufgrund seiner Konstruktion kann es auch schon mit schwächeren Motoren betrieben werden und wird daher meist zusammen mit einem Motorblock oder auch als Zusatzteil für Küchenmaschinen geliefert.

Steinmahlwerke bestehen aus zwei Natursteinscheiben, zwischen denen das Getreide quetschend zerrieben wird. Bei einem solchen Mahlvorgang bleiben die Körner länger zwischen den Scheiben, so daß er je nach Motorleistung auch eine längere Zeit in Anspruch nimmt als bei Stahlkegelmahlwerken. Außerdem können die fetthaltigen Ölsaaten gar nicht oder zumindest nicht allein gemahlen werden, weil sie sonst die Mahlscheiben verschmieren und das gesamte Mahlwerk dadurch verkleben würden.

Das Keramikmahlwerk besteht aus Tonerde, die bei fast 2000° C gebrannt wird und dadurch härter ist als Edelstahl. Deshalb haben diese Mahlwerke fast keinen Abrieb und können außer Getreide auch alle Ölsaaten und Gewürze verarbeiten. Ihr Nachteil ist, daß sie um einiges teurer sind als vergleichbare Stahlkegel- und Steinmahlwerke.

Wer eine Mühle kaufen will, sollte bei der Frage des Mahlwerks unbedingt überlegen, wofür er sein selbstgemahlenes Vollkornmehl hauptsächlich verwenden möchte. Stahlmahlwerke liefern auch bei feinster Einstellung eher ein körniges, härteres Mehl.

Bei Steinmahlwerken ist es von flokkiger, weicher Konsistenz. Wer auch feine Breie, Pfannkuchen, Nudeln und feine Biskuitböden herstellen möchte, benötigt ein Mehl mit einem hohen Feinmehlanteil und einer weichen Struktur, das gute Backeigenschaften besitzt. Solche Mehle liefern Steinmahlwerke, denn ihr Feinmehlanteil liegt bei den unterschiedlichen Fabrikaten zwischen 60 und fast 90 Prozent.

Bei Stahlmahlwerken liegt der Feinmehlanteil zwischen 40 und 60 Prozent. Mit einem solchen Mehl kann man sehr gut Getreidegrützen und Müslischrot herstellen oder es zum Backen von Broten und Hefeteigen verwenden.

Alle im Handel erhältlichen Getreideflocken werden um der besseren Haltbarkeit willen erhitzt. Mit einer handbetriebenen Flockenquetsche lassen sich rasch und ohne große Kraftanstrengung aus ganzen Getreidekörnern Flocken quetschen.

Die Zutaten der Vollkornbäckerei

Teiglockerungsmittel

Wie gut Ihr Brot oder Ihr Kuchen schmeckt, hängt nicht allein von den Zutaten ab, sondern in gleichem Maße auch von der Beschaffenheit des Teiges. Sie ist um so besser, je lockerer der Teig ist.
Eine gute Teiglockerung erhält man auf zweierlei Weise:
1. durch die Verwendung eines sogenannten Triebmittels (eines Teiglockerungsmittels),
2. durch die sorgfältige Verarbeitung der Zutaten zu einem Teig, das heißt durch richtiges Rühren, Schlagen oder Kneten. Fehlt dieser Arbeitsschritt oder wird er nur unzureichend ausgeführt, nützt selbst das beste Teiglockerungsmittel nichts.
In der Vollkornbäckerei werden folgende Teiglockerungsmittel verwendet:

Hefe

Wer Brote hauptsächlich aus Weizen backt, verwendet als Triebmittel meistens Hefe, die aus speziell für das Backen gezüchteten Hefepilzen besteht. Sie ist das ideale Triebmittel für dieses Getreide. In dem guten Nährboden, den die Hefepilze im Teig vorfinden, können sie sich ausgezeichnet und schnell vermehren. Sie wandeln die im Getreide vorkommende Stärke in Zucker um, den sie bei Wärmezufuhr in Alkohol und Kohlendioxid aufspalten. Beides treibt dann den Teig in die Höhe. Mit Hefe können jedoch nicht nur Brot- und Brötchenteige, sondern auch eine Vielzahl von Kuchenteigen gelockert werden.
Frische Hefewürfel in Alufolie verpackt lassen sich übrigens bestens einzeln einfrieren. Vor der Verwendung sollte man sie nicht zu langsam auftauen lassen, denn sonst wird sie schleimig und verliert an Triebkraft. Man hält die tiefgekühlte Hefe daher am besten so lange unter fließend warmes Wasser, bis sich die Alufolie ablösen läßt. Dann wird der noch gefrorene Würfel in der Backflüssigkeit aufgelöst. Das gelingt im Nu, und die Hefe entfaltet sofort ihre Triebkraft.

Sauerteig

Der Sauerteig ist wohl das älteste, gezielt eingesetzte Triebmittel der Welt. Es wird erzählt, daß vor etwa 5000 Jahren in Ägypten durch Zufall entdeckt wurde, wie Brot gebacken werden kann. Eine Bäckerin hatte aus Sparsamkeit alte, gärende Teigreste vom Fladenbacken mit frischem Mehl und Wasser vermischt und dann gebacken. Das Ergebnis war ein wesentlich höher aufgegangener, würziger Fladen – das erste Brot. Dieses hatte aber nur sehr entfernt Ähnlichkeit mit unseren heutigen Broten. Es war noch wesentlich flacher und nur ungefähr so groß wie unsere Brötchen.
Was war geschehen?
Sauerteig entsteht durch Hefepilze und Milchsäurebakterien, die überall

in der Natur vorkommen. Sie bringen einen aus Wasser und Mehl gerührten Brei bei ausreichender Wärme nach einer gewissen Zeit zum Gären, das heißt, sie lassen ihn Blasen werfen und leicht säuerlich werden. Die Säure und die längere Zeit der Teigzubereitung wird benötigt, um insbesondere das Klebereiweiß des Roggens aufzuschließen und damit überhaupt erst backfähig zu machen. Zusätzlich bildet die Säure im Teig Kohlendioxid, das ihn lockert und ihm die gewünschte Triebkraft gibt.

Sauerteig wird aus diesem Grunde ausschließlich beim Brotbacken als Triebmittel verwendet, vor allem bei schweren Roggen- oder Roggenmischteigen.

Man kann einen Sauerteig beim Bäcker in kleinen Mengen frisch kaufen oder als Sauerteigextrakt im Handel erhalten. Sie können einen Sauerteigansatz aber auch selbst herstellen (siehe Seite 26).

Backferment

Das Backferment ist ein trockenes Granulat, das auf der Basis von Getreide und Honig hergestellt wird. Es ist in Reformhäusern und Naturkostläden zu bekommen und bei sachgemäßer Lagerung etwa ein Jahr haltbar.

Von der Zubereitung her erinnert die Teigführung ein wenig an das Backen mit Sauerteig. Allerdings ist sie weniger aufwendig und der Teig weniger empfindlich. Im Gegensatz zum Sauerteig bietet das Backferment den Vorteil, daß mit ihm aus allen Getreidesorten sowie aus Buchweizen, Soja und Maniok Brote gebacken werden können. Außerdem verwendet man es auch noch als Triebmittel bei Weihnachtsstollen und bei der Herstellung einfacher Kuchen. Das Gebäck und die Brote sind dabei überaus bekömmlich und bleiben wesentlich länger frisch als Hefegebäck.

Backpulver

Das Backpulver wird hauptsächlich zur Lockerung schwerer Rührteige verwendet. Es wurde Ende des vorigen Jahrhunderts als unkompliziertes, jederzeit verfügbares Teiglockerungsmittel erfunden.

Handelsübliches Backpulver wird auf chemischem Wege aus Natron, einem Trennmittel und einem sogenannten Säureträger hergestellt, der aus Natriumphosphat besteht. Lediglich im Weinsteinbackpulver, das Sie in Naturkostläden und Reformhäusern erhalten können, ist Weinstein als Säurungsmittel enthalten. Er entsteht aus der in Weintrauben und im Wein enthaltenen Weinsäure und wird bei der Weinherstellung gewonnen. Dieses Backpulver ist somit phosphatfrei.

Hirschhornsalz und Pottasche

Hirschhornsalz und Pottasche wurden früher aus Hirschgeweihen und Pflanzenasche gewonnen. Heute werden sie auf chemischem Wege hergestellt, aber immer noch hauptsächlich zum Backen von Honig- und Lebkuchen verwendet.

Pottasche ist ein weißes, geruchloses, meist körniges Salz, das grundsätzlich in Flüssigkeit gelöst werden muß, bevor man es unter den Teig mischt.

Hirschhornsalz zerfällt bei Temperaturen von über 60°C in Wasser, Ammoniak und Kohlendioxid. Bei flachen Gebäcken entweicht das Ammoniak, und das Kohlendioxid treibt den Teig in die Höhe.

Backzutaten

Hauptbestandteil des Vollkorngebäcks ist natürlich immer das aus den ganzen Getreidekörnern frisch gemahlene Mehl. Dabei muß keineswegs immer nur mit Weizen gebacken werden, sondern man kann ganz nach Art des Gebäcks und nach dem persönlichen Geschmack auch die anderen Getreidearten sowie Buchweizen verwenden.

Es geht auch ohne Zucker
Beim Backen mit Vollkornmehl wird auf Zucker zum Süßen nach Möglichkeit völlig verzichtet. Der industriell hergestellte Zucker (weißer und brauner Zucker, Kandis, Fruchtzucker, Milchzucker) ist ein sogenanntes isoliertes Kohlenhydrat, das keinerlei Vitamine und Mineralstoffe, sondern nur »leere« Energie liefert und außerdem auch zahlreiche gesundheitliche Schäden hervorrufen kann.
Daß das Entstehen von Karies auf den übermäßigen Genuß von Zucker zurückzuführen ist, wissen die meisten. Daß es aber durch den Verzehr von Zucker auch zu Mangelerscheinungen, Stoffwechselstörungen und zu einer Schädigung der Darmflora kommen kann, ist noch nicht jedem bekannt. Erschwerend kommt noch hinzu, daß Zucker auch die Bekömmlichkeit anderer Lebensmittel stört. So klagen viele Leute nach dem Genuß von Rohkost und Vollkornprodukten über Verdauungsstörungen. Diese Beschwerden verschwinden jedoch sofort, wenn man keine zuckerhaltigen Speisen und Getränke mehr zu sich nimmt.
Trotzdem brauchen Sie in der Vollkornbäckerei auf süßes Gebäck nicht zu verzichten. Es wird mit natürlichen Süßungsmitteln gesüßt. An erster Stelle stehen dabei ungeschwefelte Trockenfrüchte, wie zum Beispiel Rosinen, Feigen, Birnen, Äpfel, Datteln und Aprikosen. Weichen Sie die Trockenfrüchte in Wasser ein, und verwenden Sie dieses ebenfalls zum Süßen.
Naturbelassener, kaltgeschleuderter Honig kann ebenfalls sehr gut zum Süßen verwendet werden. Er enthält viele Vitamine, Enzyme und Mineralstoffe und bringt den gesamten Stoffwechsel in Schwung. Es empfiehlt sich, beim Backen einen geschmacklich neutralen, gemischten Blütenhonig zu verwenden, der meist auch am preisgünstigsten ist. Der Honig enthält außerdem Nektarhefen, die in Verbindung mit warmem Wasser und bei ausreichender Wärme eine spontane Gärung in Gang setzen. Diesen Vorgang macht man sich beim Backen von Honig-Salz-Broten und bei der Zubereitung eines Vorteiges mit Honig und Salz zunutze.
Apfel- und Birnendicksäfte sind konzentrierte süße Obstsäfte. Sie können, ebenso wie Ahornsirup und Zuckerrübensirup, insbesondere in der Umstellungsphase zum Süßen verwendet werden.
Ähnliches gilt für Sucanat (Ursüße), einem konzentrierten, getrockneten und anschließend pulverisierten Zuckerrohrsaft.

Fett

Ob Sie Butter oder Margarine für Ihre Vollkornbäckerei nehmen, ist eine Frage Ihrer persönlichen Einstellung. Unbestritten ist wohl, daß frische Butter jedem Gebäck einen guten Geschmack verleiht. Allerdings ist sie in den letzten Jahren häufig in den Verdacht geraten, aufgrund ihres Cholesteringehalts am Auftreten von Arteriosklerose und Herzinfarkten schuld zu sein. Man hat aber inzwischen durch wissenschaftliche Untersuchungen festgestellt, daß sie dafür nicht verantwortlich gemacht werden kann. Aus diesem Grunde sollte Butter immer einer schlechten Pflanzenmargarine vorgezogen werden.

Wenn Sie zum Backen Margarine nehmen, greifen Sie statt zur handelsüblichen besser zur Reformmargarine, denn diese wird möglichst aus kaltgepreßten Ölen hergestellt. Ein Zusatz von Ölen mit mehrfach ungesättigten Fettsäuren erhöht überdies ihren Wert. Außerdem ist sie frei von Fremdstoffen und gehärteten Fetten.

Kaltgepreßte Öle können sehr gut für die Herstellung von pikantem Gebäck verwendet werden.

Eier

Sie sind für die Teiglockerung und die luftige Konsistenz des Gebäcks verantwortlich. Allerdings sollten Sie sie im Interesse Ihrer Gesundheit und aus ökologischen Gesichtspunkten heraus nicht unüberlegt verwenden und nicht zuviel des Guten tun. Eier haben nämlich einen sehr hohen Cholesteringehalt und können, je nachdem aus welcher Haltung sie stammen, mehr oder weniger stark mit Arzneimitteln und Rückständen aus zweifelhaften Futterzusätzen belastet sein. Beim Kauf sollten Sie nicht nur aus gesundheitlichen Gründen, sondern auch im Hinblick auf den Tierschutz auf die Haltungsform der Hühner achten. Man unterscheidet nämlich zwischen Eiern aus Freilaufhaltung, aus intensiver Auslaufhaltung, aus Bodenhaltung und aus Volierenhaltung. Ist auf der Packung keine Haltungsform angegeben, so handelt es sich vermutlich um Batterieeier, das heißt, etwa 25 Hühner teilen sich einen Käfig von einem Quadratmeter.

Verwenden Sie zum Backen am besten nur frische Eier. Man erkennt sie daran, daß sich bei einem aufgeschlagenen Ei das Eigelb klar vom Eiweiß abtrennt.

Gewürze

Getreide und Salz gehören seit alters her fest zusammen. Salz verleiht jedem Brot nicht nur Geschmack, sondern es verbessert auch die Eigenschaften des Teiges. Ohne Salz würde ein Brotteig sehr fest und eher klebrig statt geschmeidig werden. Trotzdem sollten Sie es nie im Übermaß, sondern immer nur so sparsam wie möglich verwenden. In unserer heutigen Ernährung ist Salz nämlich ohnehin schon überdosiert. Als Folge davon können Bluthochdruck und Nierenschäden auftreten. Greifen Sie lieber auf die klassischen Brotbackgewürze zurück wie zum Beispiel Fenchel, Anis, Koriander und Kümmel, oder würzen Sie Ihre Brote und Ihr pikantes Gebäck mit frischen Kräutern. Auch durch die Zugabe von Nüssen und Ölfrüchten sowie von verschiedenen Milchprodukten und Käsesorten können Sie immer neue Geschmacksvariationen zaubern.

Zum Würzen von Kuchen und Torten verwendet man sehr gerne Vanillemark. Im Handel ist aber auch gemahlene Vanille erhältlich, die zum einen billiger und zum anderen noch etwas geschmacksintensiver ist. Ebenso beliebt sind Zimt, abgeriebene unbehandelte Zitronenschale und, insbesondere in der Weihnachtsbäckerei, Ingwer, gemahlene Nelken, Muskatblüte, Kardamom, weißer Pfeffer, Anis und Koriander. Auch Delifrut, eine Gewürzmischung aus Zimt, Anis, Kardamom, Bourbon-Vanille, Koriander und Nelken, läßt sich gut einsetzen. Eine genauere Erklärung der einzelnen Gewürze finden Sie im Kapitel »Weihnachtsbäckerei« auf den Seiten 124 bis 143.

Brotbacken leichtgemacht

Geräte und Hilfsmittel

Den höchsten gesundheitlichen Wert hat Ihr Brot, wenn Sie das Getreide erst kurz vor dem Backen mahlen, denn Vollkornmehl ist nur begrenzt lagerfähig. Außerdem schmeckt es frisch gemahlen viel aromatischer. Am besten ist es natürlich, wenn Sie zum Mahlen Ihre eigene Getreidemühle verwenden können. Tips für die richtige Auswahl finden Sie auf Seite 16. Wahrscheinlich müssen Sie auch eine große Backschüssel (zum Beispiel aus Keramik) neu anschaffen. Die Rührschüsseln üblicher Größe, die zum Kuchenbacken verwendet werden, reichen oft schon für die Getreidemenge eines einzigen Brotes nicht aus. Sie werden aber sicherlich aus Gründen der Zeitersparnis und der besseren Ausnutzung Ihres Backofens mindestens zwei Brote auf einmal backen.

Ein hölzerner Rührlöffel findet sich bestimmt in Ihrer Küche. Er wird benötigt, wenn Sie einen weichen Vorteig für Sauerteigbrote ansetzen. Das elektrische Handrührgerät können Sie beim Brotbacken in der Regel nicht verwenden. Vollkornbrotteige – insbesondere auch Sauerteige – sind meist so schwer, daß die Motorleistung des Handrührgerätes es nicht schafft, den Teig gut durchzukneten. Außerdem entwickeln Sie ein besseres Gefühl für die richtige Beschaffenheit des Teiges, wenn Sie ihn mit den Händen kneten.

Eine Küchenwaage hilft Ihnen beim genauen Abwiegen des Getreides und der übrigen Zutaten. Für die Flüssigkeitszugaben ist ein Meßbecher nötig.

Ob Sie Ihr Brot frei formen und auf dem Backblech backen oder ob Sie Backformen verwenden möchten, ist eine Frage Ihres persönlichen Geschmacks. Für Anfänger im Brotbacken ist es vorerst leichter, Formen zu benutzen. Allerdings ist eine Backform auch immer dann nötig, wenn der Teig sehr feucht oder leicht klebrig ist. Es gibt einerseits spezielle Brotbackformen aus Keramik, andererseits kann man aber auch ebensogut Kastenformen aus Schwarzblech, eine Springform oder den Römertopf zum Brotbacken verwenden.

Unentbehrlich ist natürlich ein Backofen. Früher wurden die Brote in großen Holzbacköfen direkt auf den heißen Steinen gebacken und erhielten dadurch ihren unverwechselbaren Geschmack. Dieser kommt in erster Linie dadurch zustande, daß die Backhitze nicht wie bei unseren modernen Gas- und Elektrobacköfen ständig von außen herangeführt, sondern im Backofen selbst erzeugt wird. Denn erst wenn in diesen Öfen das Holz völlig abgebrannt und damit die erforderliche Hitze erreicht war, räumte man die noch vorhandene Glut weg, kehrte den Ofen sorgfältig aus und backte die Brote bei sogenannter fallender Hitze.

Es gibt heute schon spezielle Brotbacköfen, bei denen das Brot nicht auf einem Rost, sondern ebenfalls direkt auf der Platte gebacken wird. Diese Spezialöfen erreichen höhere Temperaturen und speichern außerdem die Hitze sehr lange. Selbstverständlich kann man darin auch Kuchen und Gratins sowie Aufläufe backen.

Wer den alten Backvorgang in einem normalen Backofen nachahmen will, sollte diesen auf 250 bis 280° C vorheizen und das Brot etwa ein Drittel bis ein Viertel der Gesamtbackzeit bei dieser Temperatur backen. Anschließend wird der Backofen dann auf 180 bis 200° C zurückgeschaltet und das Brot so fertiggebacken. Wer sehr feuchte Teige zubereitet, braucht den Backofen jedoch nicht unbedingt vorzuheizen, denn solche Brote können auch bei einer konstanten Temperatur von 200 bis 220° C gebacken werden.

Die langsame Erwärmung hat allerdings – insbesondere bei trockenen Hefeteigen – den Nachteil, daß sich die Oberfläche leichter verkrustet und das Brot sich dadurch nicht mehr ausdehnen kann. Es wird dann oft rissig, trocken und krümelt leicht.

Vollwertige Zutaten

Das Brot erhält seinen unverwechselbaren Geschmack in erster Linie durch das Getreide, das Sie verwenden. Dabei müssen Ihr Brot oder Ihre Brötchen keineswegs immer nur allein aus Weizen bestehen. Neben Dinkel und Roggen eignen sich auch alle anderen Getreidearten als Zusatz zum Brotbacken und bieten Ihnen dadurch zahlreiche Variationsmöglichkeiten.

Neben dem Getreide ist Salz eine wichtige Zutat, denn es verleiht dem Brot nicht nur Geschmack, sondern verbessert auch die Eigenschaften des Teiges. Ohne Salz würde er eher sehr fest und klebrig statt geschmeidig werden. Trotzdem sollten Sie es so sparsam wie möglich verwenden, denn wir nehmen durch die tägliche Nahrung ohnedies schon zuviel davon zu uns. Greifen Sie statt dessen lieber auf die klassischen Brotgewürze wie Fenchel, Anis, Koriander und Kümmel zurück. Auch die Zugabe von frischen Kräutern und Zwiebeln hilft, Salz einzusparen.

Ebenso bieten Ihnen Nüsse (zum Beispiel Haselnüsse, Walnüsse oder Mandeln) und Ölfrüchte (Sesam, Leinsamen, Sonnenblumenkerne, Mohn) viele Möglichkeiten, den Geschmack Ihrer Brote zu variieren. Sie können unter den Teig gemischt oder auch auf die Teigoberfläche gestreut werden.

Eine weitere Geschmacksvariante erhalten Sie, wenn Sie das Wasser zur Herstellung des Brotteigs ganz oder teilweise durch Milch, Molke, Buttermilch, Kefir oder Joghurt ersetzen oder geriebenen Käse unter den Teig mischen. Ihrer Phantasie sind in dieser Richtung keinerlei Grenzen gesetzt; die Auswahl richtet sich allein nach Ihrem Geschmack. Ein sogenanntes Triebmittel ist dafür verantwortlich, daß das Brot gut aufgeht und locker wird. Bei Broten, die aus Weizen oder Dinkel oder mindestens zur Hälfte aus diesen beiden Getreidearten bestehen, ist Hefe das geeignete Triebmittel. Für Brote, die hauptsächlich aus Roggen oder anderen Getreidearten hergestellt werden, reicht sie allerdings allein nicht als Triebmittel aus. In diesen Fällen sollten Sie lieber einen Sauerteig oder ein Backferment verwenden, damit Sie ein gutes Backergebnis erzielen.

Wichtige Tips zum Brotbacken

Das Vollkornmehl und die Gewürze
Mischen Sie zunächst das frischgemahlene Vollkornmehl mit dem Salz und den anderen Gewürzen. Erst danach sollten Sie das in der lauwarmen Flüssigkeit aufgelöste Triebmittel hinzufügen.

Stimmt die Flüssigkeitsmenge?
Die Flüssigkeitsmengenangaben in den Rezepten können nur ein ungefähres Maß darstellen, weil die optimale Flüssigkeitszufuhr stets von der Qualität des verwendeten Getreides abhängt.
Getreide ist ein Naturprodukt, das je nach Lagerung Feuchtigkeit aufnimmt und auch wieder abgibt. So kann es zum Beispiel schon bei der Ernte nach einem feuchten Sommer einen höheren Feuchtigkeitsgehalt aufweisen. Von ihm hängt auch das Gewicht des einzelnen Getreidekorns ab, das heißt, ein Kilogramm feuchtes Getreide enthält von der Anzahl her weniger Getreidekörner als ein Kilogramm trockenes Getreide, denn bei diesem sind die Körner ja leichter.
Mahlt man nun das trockenere Getreide, so erhält man, vom Volumen aus betrachtet, mehr Vollkornmehl, das damit natürlich auch mehr Flüssigkeit aufnehmen kann.

Die richtige Teigbeschaffenheit
Kneten Sie Ihren Brotteig am besten von Anfang an mit der Hand, denn dann entwickeln Sie sehr schnell das richtige Gefühl für die Teigbeschaffenheit.
Teige aus Vollkornmehl sind am Anfang feucht und klebrig. Das ändert sich durch die sogenannte Kleberbildung. Außerdem benötigen die Randschichten des Getreidekorns im Mehl mehr Zeit, um die Feuchtigkeit aufzunehmen. Machen Sie deshalb auf keinen Fall den Fehler, am Anfang mehr Vollkornmehl hinzuzugeben als angegeben. Ihr Teig wird sonst am Ende der Knetzeit viel zu fest.
Wenn nach etwa 10 Minuten Knetzeit noch Teigreste an den Händen haften, können Sie etwas Vollkornmehl auf die Hände oder auf die Tischplatte streuen und den Teig dann damit zur Kugel formen.

Das richtige Kneten
Das Kneten ist das A und O beim Brotbacken. Es erfordert Kraft und Geduld, denn der Teig sollte gleichmäßig und kräftig etwa 10 Minuten lang bearbeitet werden, da es nicht ausreicht, ihn nur so lange zu kneten, bis er sich von der Schüssel löst. Im Weizen, Dinkel und Roggen befinden sich ganz bestimmte Eiweiße, das sogenannte Klebereiweiß, das in Verbindung mit Wasser und längerem Kneten den sogenannten Kleber bildet. Diese Kleberbildung ist nach etwa 10 Minuten Knetzeit abgeschlossen.
Der Kleber gibt dem Teig ein Gerüst, bewirkt sein größeres Volumen und macht ihn feinporig, trocken und elastisch. Bei geringer Kleberbildung, das heißt bei zu kurzer Knetzeit, wird das Gebäck flach, kleinporig und trocken.
Aber nicht allein die Dauer des Knetens ist entscheidend. Der Teig sollte auch gleichmäßig durchgearbeitet werden, damit er die richtige Konsistenz bekommt. Das geht am besten so: Ein Teil des Teiges wird mit den Fingerspitzen herangezogen, umgeschlagen und wieder in die Teigmitte gedrückt. Dabei sollte der Teig immer wieder gedreht werden, damit er wirklich vollständig durchgeknetet wird. Am Ende der Knetzeit ist er dann weich und geschmeidig und klebt nicht mehr.

Das Gehen
Von genauso großer Bedeutung wie das Kneten ist auch das richtige Gehen der Brote, sonst bleiben sie zäh und feucht. Formen Sie den fertiggekneteten Teig zu einer Kugel, decken Sie ihn mit einem Tuch ab, und stellen Sie ihn zum Gehen an einen warmen Ort.
Das kann zum Beispiel die Nähe einer Heizung sein. Sie können aber auch Ihren Backofen auf 50 °C aufheizen, wieder ausschalten und die zugedeckte Teigschüssel bei leicht geöffneter Backofentür hineinstellen. Lassen Sie sich und dem Teig dafür genügend Zeit, denn das wirkt sich positiv auf die Qualität und den Geschmack des späteren Brotes aus. Die Zeit zum Gehen richtet sich nach dem Triebmittel: Hefeteige benötigen etwa eine Stunde und verdoppeln während dieser Zeit beinahe ihr Volumen. Sauerteige hingegen brauchen bis zu 20 Stunden, wobei das Volumen nur etwa um ein Drittel zunimmt.

Der zweite Knetvorgang
Bevor der gut gegangene Teig geformt oder in eine gefettete Backform gefüllt wird, muß er noch einmal etwa 2 Minuten durchgeknetet werden.
Bei diesem Vorgang können Sie dann auch weitere Zutaten dazugeben, die sein Aufgehen zuvor im wahrsten Sinne des Wortes erschweren würden. Das sind zum Beispiel Nüsse, Rosinen, Trockenfrüchte, Sonnenblumenkerne, Leinsamen, Käse, Zwiebeln und frische Kräuter. Durch das Einarbeiten der Zutaten in den bereits gegangenen Teig bleibt dieser locker und kann sich besser entfalten.

Die Kruste
Um eine schöne Kruste zu erhalten, wird das Brot mit einem scharfen, spitzen Messer entweder diagonal eingeschnitten oder mit beliebigen Mustern versehen. Sehr flache Brote können auch mit einer Gabel mehrmals eingestochen werden.
Wer Brote mit goldgelber Kruste wünscht, streicht ihre Oberfläche mit einem verquirlten Eigelb oder mit Milch ein.

Vor dem Backen

Die geformten Brote sollten nach dem zweiten Kneten, je nach Teigart und Größe, noch einmal an einem warmen Ort zwischen 15 und 45 Minuten gehen.
Bevor sie dann in den Backofen geschoben werden, kann man sie noch leicht mit Wasser besprühen. Dabei leistet eine Blumenspritze gute Dienste. Auf diese Weise bekommt das Brot nicht nur einen schönen Glanz, sondern gleichzeitig kommt auch noch mehr Feuchtigkeit in den Backofen. Sie kann auch dadurch erhöht werden, daß eine knapp halbvolle Tasse Wasser auf den Boden des Backofens geschüttet wird. Das sollten Sie in dem Moment tun, in dem das Brot in den Ofen geschoben wird. Selbstverständlich muß unmittelbar danach die Backofentür wieder geschlossen werden. Auf diese Weise »schwitzen« die Brote, und die Teigoberfläche wird elastisch. Durch die starke Backofenhitze gehen die Brote schnell auf, und ihre Teighaut kann sich durch die Feuchtigkeit dehnen, ohne zu reißen.

Das Ende der Backzeit

Wer das Brot in den vorgeheizten Backofen schiebt, sollte es bei 250° C etwa 20 Minuten backen, bis die Oberfläche leicht gebräunt ist. Danach wird es dann in etwa 50 Minuten bei 180° C und in weiteren 15 Minuten im ausgeschalteten Backofen fertiggebacken.
Am Ende der Backzeit sollte das Brot eine schöne braune Kruste haben und hohl klingen, wenn man auf den Boden des Laibes klopft. Streichen Sie Ihr Brot nach dem Backen leicht mit Wasser ein, damit es seinen schönen Glanz behält, und lassen Sie es dann auf einem Kuchengitter auskühlen.
Hefebrote sollten vor dem Anschneiden etwa 4 Stunden, Sauerteigbrote etwa 24 Stunden liegenbleiben. Brötchen und Fladen dürfen ruhig frisch serviert werden.

Die häufigsten Fehler beim Brotbacken

Das Brot geht nicht genügend auf!
– Die Hefe hatte nicht mehr genügend Triebkraft (siehe Seite 18: Hefe als Triebmittel).
– Der Teig wurde nicht lange genug geknetet, so daß keine ausreichende Kleberbildung stattfinden konnte (siehe Seite 24).
– Der Teig stand beim Gehen zu kühl.
– Der Teig enthält zuwenig Flüssigkeit (siehe Seite 24: Stimmt die Flüssigkeitsmenge?).

Das Brot reißt auseinander!
– Der Teig wurde nicht lange genug geknetet (siehe Seite 24: Das richtige Kneten).
– Die Teigoberfläche ist nicht oder zuwenig mit Wasser besprüht worden, so daß sich beim Backen im Backofen kein Wasserdampf entwickeln konnte (siehe Seite 25: Vor dem Backen).

Das Brot ist beim Backen zusammengefallen!
– Das Brot ist zu lange gegangen.
– Das Brot stand beim Gehen zu kühl.

Das Brot läuft beim Backen auseinander und wird flach!
– Der Teig war zu weich. Er hätte besser in einer Brotform gebacken werden sollen.
– Der Teig wurde zu kurz geknetet (siehe Seite 24: Kleberbildung).
– Der Teig ist zu lange gegangen.
– Der Teig hätte besser in den vorgeheizten Backofen geschoben werden sollen.

Das Brot krümelt stark!
– Der Teig enthielt zuwenig Flüssigkeit und wurde zu fest (siehe Seite 24).
– Der Teig wurde zu kurz geknetet.
– Der Teig hätte besser in den vorgeheizten Backofen geschoben werden sollen.

Der Sauerteig

Der Sauerteig ist das älteste und natürlichste Triebmittel der Welt. Bei Broten, die man aus Weizen backt, reichen allein die Hefepilze der Bäckereihefe aus, den Teig in die Höhe zu treiben.

Schwere Roggenteige hingegen enthalten Eiweiße, die erst durch die Milchsäure des Sauerteigs aufgeschlossen werden müssen, damit sie überhaupt backfähig werden. Die Säure bildet im Teig Kohlendioxid, das ihn lockert und ihm die gewünschte Triebkraft gibt. Aus diesem Grunde ist das Ausgangsprodukt für ein gutes Roggenbrot zunächst einmal ein Sauerteig.

Sie können ihn fertig kaufen (siehe Seite 19), Sie können ihn aber auch selbst zubereiten:

Grundrezept Sauerteigansatz

Zutaten:

200 g Roggen
¼ l lauwarmes Wasser
1 TL Kümmel
2 TL Molke, Joghurt, Buttermilch oder Sauerkrautsaft

So wird's gemacht:

1. Die eine Hälfte des Roggens fein mahlen, die zweite grob schroten.

2. Das Mehl und das Schrot mit dem lauwarmen Wasser, dem Kümmel sowie der Molke oder einer anderen Austauschzutat gut verrühren, bis ein weicher Teig entsteht. Nehmen Sie dazu einen Holzlöffel.

3. Den Teig in ein großes Schraubglas füllen. Es darf nicht bis zum Rand voll werden.

4. Den Teigansatz 2 bis 3 Tage an einem warmen Ort stehen lassen.

5. Der Sauerteig ist fertig, wenn sich an seiner Oberfläche feine Risse und Gärungsbläschen zeigen. Der Teig schmeckt und riecht säuerlich.

Da das Glas verschlossen wird, können sich keine anderen Bakterien aus der Umgebung auf dem Teig niederlassen. Deshalb vermehren sich insbesondere die Milchsäurebakterien, die Sie gezielt durch die Molke oder eine andere angegebene Austauschzutat zugeführt haben.

Die beste Temperatur für die Vermehrung dieser Milchsäurebakterien liegt zwischen 30 und 40°C. Wenn Sie Ihren Sauerteig zu kühl stellen, kann es sein, daß sich überhaupt keine Milchsäurebakterien bilden, sondern daß überwiegend Essigsäurebakterien entstehen. Ihr Teigansatz hat dann einen unangenehmen Geschmack und riecht scharf säuerlich. Sie müssen ihn wegwerfen und es noch einmal probieren. Der fertige Sauerteigansatz reicht für mehrere Brote, denn man benötigt nur ein bis zwei Eßlöffel davon (etwa 50 Gramm) für ein Brot. Die größere Menge des ersten Ansatzes hat den Vorteil, daß sich dadurch leichter ausreichend Milchsäurebakterien bilden. Sie können diesen Ansatz in einem Schraubglas im Kühlschrank etwa zwei Wochen aufbewahren und mehrmals damit Brote backen.

Sobald der erste Ansatz aufgebraucht ist, müssen Sie allerdings nicht jedesmal einen neuen herstellen. Das Verfahren ist wesentlich einfacher: Immer wenn Sie ein Sauerteig- oder ein Backfermentbrot zubereiten, nehmen Sie ein Stück vom Teig ab, bevor er geformt wird, und bewahren diesen Teigrest in einem ebenfalls fest verschlossenen Schraubglas im Kühlschrank auf. Beim nächsten Backen wird er dann mit Flüssigkeit verrührt und mit Mehl zu einem Teig vermischt.

Noch ein Tip: Vermischen Sie ein bis zwei Eßlöffel des ersten Sauerteigansatzes mit soviel Roggenmehl, daß feste Krümel entstehen, und bewahren Sie diese ebenfalls in einem Schraubglas im Kühlschrank auf. Sie haben nun jederzeit einen Sauerteigansatz zur Hand, auch dann, wenn Sie einmal vergessen haben, von Ihrem Brotteig ein Stück Teig zurückzubehalten oder wenn Ihnen Ihr Sauerteigansatz aus irgendwelchen Gründen einmal verdorben sein sollte. Dieser »krümelige Sauerteigansatz« hält sich im Kühlschrank etwa drei Monate. Wegen der Trockenheit und der kühlen Temperaturen können sich die Milchsäurebakterien nicht mehr vermehren; der Sauerteig ruht. Er fängt erst wieder zu arbeiten an, wenn Sie ihn mit Vollkornmehl und mit Wasser neu ansetzen.

Backfermentbrote

Das Backferment ist ein trockenes Granulat, das auf der Basis von Getreide und Honig hergestellt wird. Sie können es in Reformhäusern und Naturkostläden kaufen und bei sachgemäßer Lagerung etwa ein Jahr aufbewahren.
Backfermentbrote sind äußerst bekömmlich. Die Säuerung ist der zuvor beim Sauerteig beschriebenen sehr ähnlich, allerdings wesentlich weniger aufwendig und empfindlich. Zusätzlich bietet das Backferment den Vorteil, daß man damit aus allen Getreidesorten (Sauerteig wird in erster Linie mit Roggen geführt) einschließlich Soja, Buchweizen und Maniok Brote backen kann.
Zur Brotherstellung benötigen Sie neben dem Backferment auch einen daraus hergestellten sogenannten Grundansatz. Diesen bereiten Sie nach der Anweisung zu, die jeder Backfermentdose beiliegt. Zur Not können Sie auch den zuvor beschriebenen selbstgemachten Sauerteigansatz verwenden.
Der fertige Teig muß, im Gegensatz zum Sauerteig, nicht mehr so lange geknetet werden. Backfermentteige dürfen anschließend während ihrer Gärzeit nicht austrocknen. Aus diesem Grunde muß die Teigschüssel entweder mit einem feuchten Tuch bedeckt werden, oder die Teigführung sollte in einem geschlossenen Behälter ablaufen. Außerdem ist es von Vorteil, wenn die Gärung an einem warmen Ort stattfindet (Kochkiste, Sonne, warmes Wasserbad, auf der Heizung).
Da Backfermentbrote weicher sind als Hefe- oder Sauerteigbrote, empfiehlt es sich, sie stets in Brotformen zu backen.

Grundrezepte

Die 1001 Verführungen der Vollkornbackstube lassen sich fast alle auf wenige Grundrezepte zurückführen, wobei diese selbst wieder den Ausgangspunkt für eigene Kreationen bilden können. Hier erhalten Sie wichtige Tips zu den Grundteigen. Zusätzlich zeigen viele Schritt-für-Schritt-Fotos genau, wie's geht, und erleichtern so den Einstieg ins Vollkornbackvergnügen.

Der Rührteig

Vom einfachen Napfkuchen über feine Dinkel-Haselnuß-Waffeln bis hin zu einem versunkenen Pflaumenkuchen bietet der Rührteig viele Möglichkeiten, um verschiedenstes Gebäck herzustellen.

Gerade für Backanfänger sind Rührteige genau der richtige Einstieg, denn es hängt allein vom richtigen Rühren ab, ob die Kuchen gelingen oder nicht. Und das ist heutzutage mit Küchenmaschinen oder Handrührgeräten ein Kinderspiel.

Gerührt wird immer nach dem gleichen Prinzip: Zunächst einmal sollten alle Zutaten Zimmertemperatur haben, damit sie sich zu einer homogenen Masse verbinden können. Unterschiedliche Temperaturen, besonders bei Fett und Eiern, lassen den Teig nämlich leicht gerinnen. Vor der Teigzubereitung sollten Sie die Backform sorgfältig mit weicher Butter einfetten und anschließend so lange in den Kühlschrank stellen, bis der Teig fertig gerührt ist. Bevor er dann vorsichtig eingefüllt wird, streuen Sie die Form noch mit Mehl, Sesamkörnern oder Semmelbröseln aus. Auf diese Weise kann sich beim Backen eine Trennschicht zwischen Kuchen und Form bilden, so daß sich der Kuchen dann später leicht aus der Form lösen läßt.

Nun beginnt das eigentliche Rühren: Im ersten Schritt wird die Butter mit den Schneebesen des Handrührgerätes schaumig gerührt. Dabei sollten Sie die Butter immer wieder vom Schüsselrand in die Mitte schaben. Danach wird der Honig dazugegeben und alles nochmals gerührt. Erst jetzt werden nach und nach die Eier hinzugefügt. Dabei schlagen Sie am besten nach jedem Ei die Masse gut auf. Bei diesem Arbeitsschritt sollten Sie nie zu viele Eier verwenden und weder Rum noch Zitronensaft oder Milch hinzufügen, damit Ihre Butter-Ei-Masse auf keinen Fall gerinnt.

Geben Sie dann zunächst etwas Vollkornmehl dazu, und rühren Sie es vorsichtig unter den Teig. Verwenden Sie jetzt lieber einen Rührlöffel statt des Handrührgerätes, denn sonst wird der Teig viel zu intensiv gerührt. Er kann dadurch wieder zusammenfallen, und der Kuchen bleibt klein und wird unter Umständen speckig. Anschließend rühren Sie abwechselnd etwas von der Flüssigkeit und dann wieder etwas von dem Mehl und den übrigen Zutaten unter den Teig, bis Sie alles eingearbeitet haben. Der Teig sollte dann – wie es mit dem Fachausdruck heißt – schwer reißend vom Löffel fallen.

Rührteige aus Vollkornmehl sollten zunächst etwas flüssiger sein als Teige aus Weißmehl. Die Randschichten des Getreidekorns benötigen nämlich eine längere Zeit, um die Flüssigkeit aufzusaugen. Es empfiehlt sich daher, den Vollkornrührteig vor dem Backen noch etwa ¼ Stunde quellen zu lassen.

Es könnte passieren, daß der Teig bei Verwendung größerer Eier dünnflüssig wird. In diesem Fall rühren

Sie eßlöffelweise noch etwas Vollkornmehl (nicht mehr als 50 Gramm) darunter. Sparen Sie jedoch beim Rühren zunächst lieber etwas an der Flüssigkeit. Sollte der Teig hingegen zu fest geworden sein, geben Sie noch etwas Milch oder Sahne hinzu. Alle schweren Zutaten wie z. B. Rosinen oder Nüsse sollten erst ganz zum Schluß unter den Teig gerührt werden. Ebenso wird auch der Eischnee, erst kurz bevor der Teig in die Form gefüllt wird, daruntergehoben.

Wichtig für das Gelingen des Gebäcks ist auch die richtige Einschubhöhe im Backofen. Dabei gibt es für Rührteige eine Faustregel: Der Kuchen sollte immer so in den Backofen geschoben werden, daß sich die Mitte des Gebäcks in der Mitte des Ofens befindet.

Sollte der Kuchen schon die richtige Farbe haben, aber noch nicht gar sein, decken Sie ihn am besten mit Alufolie ab. Dadurch kann ihn die Oberhitze nicht mehr bräunen.

Bevor Sie den Kuchen herausnehmen, sollten Sie unbedingt die Garprobe machen: Dazu sticht man mit einem Zahnstocher oder einem Schaschlikstäbchen aus Holz nach der angegebenen Backzeit hinein. Bleiben beim Herausziehen keine klebrigen Teigreste mehr am Holzstäbchen hängen, ist der Kuchen gut durchgebacken.

Lassen Sie den fertig gebackenen Kuchen zunächst 3 bis 5 Minuten in der Form abkühlen, und stürzen Sie ihn erst dann auf ein Kuchengitter. Durch das Abkühlen zieht sich der Kuchen etwas zusammen, und es entsteht zwischen Kuchen und Form ein winziger Hohlraum, der das Herauslösen des Kuchens erleichtert. Warten Sie jedoch nicht zu lange, denn sonst klebt der Kuchen wieder an der Form.

Rührteige bleiben saftig und frisch, wenn sie kühl und in Alufolie eingepackt aufbewahrt werden. Außerdem lassen sie sich hervorragend einfrieren.

Grundrezept Rührteig

Zubereitungszeit: ca. ½ Stunde
Quellzeit: ca. ¼ Stunde

Zutaten:

250 g Butter
150–200 g Honig
½ TL gemahlene Vanille
abgeriebene Schale von
½ unbehandelten Zitrone
4 Eier
500 g Weizen
1 Päckchen Weinsteinbackpulver
⅛–¼ l Milch

So wird's gemacht:

1. Die weiche Butter mit den Schneebesen des Handrührgerätes schaumig rühren.
2. Den Honig, die Vanille und die abgeriebene Zitronenschale hinzufügen und alles gut verrühren.

3. Anschließend die Eier nacheinander dazugeben und jedes einzelne gut mit der Butter verrühren.
4. Den Weizen fein mahlen und mit dem Backpulver mischen.

5. Nun abwechselnd das Vollkornmehl und die Milch zu der Butter-Ei-Masse geben. Beides mit einem Rührlöffel gut darunterrühren, bis alles aufgebraucht ist und der Teig schwer reißend vom Löffel fällt.
6. Den Teig in eine gefettete und bemehlte Kuchenform füllen, mit einem Löffel glattstreichen und etwa ¼ Stunde quellen lassen.

Die Backzeit von Rührteigen variiert sehr stark, denn sie hängt eng mit der Größe und Form der verwendeten Backformen zusammen. Schauen Sie deshalb lieber in einem vergleichbaren Rezept nach, und machen Sie während des Backens öfter eine Garprobe mit dem Holzstäbchen.

Variationen

Einen Teil des Weizens können Sie durch Hirse, Hafer, Buchweizen, Mais oder Reis ersetzen. Zum Würzen eignen sich Kakao, Nüsse, verschiedene Gewürze oder auch Trockenfrüchte.

Für einen Rosinennapfkuchen geben Sie 100 Gramm ungeschwefelte und gewaschene Rosinen in den Teig und füllen ihn dann in die gefettete Form. Nach der Quellzeit müssen Sie den Kuchen auf der untersten Einschubleiste des Backofens (nicht vorheizen!) bei 180° C 1 bis 1¼ Stunden backen. Falls der Kuchen zu braun wird, decken Sie ihn für die letzte halbe Stunde der Backzeit mit Alufolie ab. Wenn er gar ist, lassen Sie ihn erst kurz abkühlen und stürzen ihn dann auf ein Kuchengitter (Rosinenkuchen siehe großes Foto links).

Der Hefeteig

Der Hefeteig ist wohl die vielseitigste unter den Teigarten. Ob Sie nun einen saftigen Obstkuchen, einen lockeren Napfkuchen, Schnecken oder gefüllte Teigtaschen backen wollen, immer kann ein Hefeteig hierfür die Grundlage sein.
Lassen Sie sich dabei von der Teigvielfalt nicht verwirren, denn einerlei, ob Sie leichte, schwere oder eher gerührte Hefeteige mit viel Flüssigkeit zubereiten, die Teigführung erfolgt immer nach dem gleichen Prinzip. Und wer sich erst einmal damit angefreundet hat, der braucht beim Ausprobieren keine Scheu mehr zu haben. Wenn Sie einige Grundregeln beachten, ist der Hefeteig problemlos in der Zubereitung und bereitet auch beim Backen keine Schwierigkeiten:
Lassen Sie sich bei der Teigzubereitung Zeit! Das wirkt sich in jedem Fall positiv auf die Qualität und den Geschmack des Gebäcks aus. Während der Zubereitung muß der Hefeteig zweimal aufgehen und dabei sein Volumen ungefähr verdoppeln.
Hefe mag es wohlig warm. Sie liebt Temperaturen von 30 bis 35°C. Ist es ihr zu kalt, wächst sie kaum oder gar nicht; bei 45°C stirbt sie ab. Aus diesen Gründen sollten alle verwendeten Zutaten mindestens Zimmertemperatur haben. Besonders das Fett muß also weich oder – wenn es im flüssigen Zustand verwendet werden soll – lauwarm sein. Ebenso sollten Milch, Sahne oder Wasser weder zu warm noch zu kalt, sondern lauwarm sein. Das können Sie leicht mit dem Finger überprüfen.
Halten Sie sich außerdem an die in den Rezepten angegebene Hefemenge. Nehmen Sie zuviel davon, tritt ihr Eigengeschmack zu stark hervor.
Durch Fett (Butter, Margarine und Öl) wird der Teig schwerer, aber auch saftiger und hält länger frisch. Die Fettmenge sollte allerdings nicht mehr als ein Drittel der Mehlmenge betragen, sonst wird der Teig zu schwer und kann nicht mehr richtig gehen. Bei fettreichen Teigen müssen Sie unter Umständen die Hefemenge etwas erhöhen. Außerdem braucht solch ein Teig auch meist eine längere Zeit zum Gehen. Achten Sie auch darauf, daß das Fett nicht direkt mit der Hefe in Berührung kommt. Es umschließt nämlich sonst die Hefezellen und hindert sie an ihrer Vermehrung. Rühren Sie die Hefe deshalb stets mit etwas lauwarmer Flüssigkeit an, bevor Sie sie an den Teig geben.
Eier machen den Hefeteig lockerer, zu viele lassen ihn jedoch trocken werden. Schuld daran ist das Eiweiß. Nehmen Sie deshalb nie mehr als zwei ganze Eier auf 500 Gramm Getreide, oder verwenden Sie nur das Eigelb. Achten Sie darauf, daß sich bei der Verwendung von mehr Eiern, als im Rezept angegeben, zwangsläufig die empfohlene Flüssigkeitsmenge für den Teig verringert. Sie können dabei von folgender Faustregel ausgehen: 1 ganzes Ei entspricht etwa 50 Milliliter Flüssigkeit.
Bei der Verwendung von Vollkornmehl müssen Sie nicht – wie sonst üblich – einen Vorteig herstellen. Das frischgemahlene Vollkornmehl enthält nämlich im Gegensatz zum Auszugsmehl ausreichend Enzyme, die den Hefezellen als Nahrung dienen, so daß diese sich rasch vermehren können. Aus diesem Grunde wird die Hefe lediglich klümpchenfrei in der jeweiligen Flüssigkeit aufgelöst. Anschließend werden alle Zutaten zusammen zu einem Teig verknetet.
Ob Sie Ihren Hefeteig mit den Knethaken des Handrührgerätes oder mit den Händen kneten möchten,

ist reine Geschmackssache. Bei schweren Hefeteigen (mit viel Fett und Eiern) verwende ich zunächst das Handrührgerät, später dann meine Hände. Man entwickelt so ein besseres Gefühl für den Teig. In jedem Fall gilt: Je länger Sie den Teig durchkneten, desto besser, sprich lockerer, wird er. Mit dem Handrührgerät dauert das knapp 5 Minuten, mit den Händen etwa 10 Minuten.

Zu Beginn des Knetens ist der Teig noch feucht und klebrig. Das ändert sich jedoch im weiteren Verlauf durch die Kleberbildung. Der Teig löst sich zum Schluß gut von der Schüssel und von den Händen und hat eine geschmeidige Konsistenz. Fügen Sie daher am Anfang nie aus Furcht, der Teig könnte zu klebrig bleiben, mehr Vollkornmehl hinzu als angegeben. Am Ende der Knetzeit ist er sonst viel zu fest und kann nicht mehr richtig gehen.

Nach dem Kneten sollte der Teig an einem warmen Ort gehen. Die ideale Temperatur hierfür beträgt 30 bis 35°C. Stellen Sie deshalb Ihren zur Kugel geformten Hefeteig, abgedeckt mit einem sauberen Küchentuch (Hefepilze mögen nämlich keine Zugluft), in die Nähe einer Heizung oder eines Ofens. Vermeiden Sie aber direkten Kontakt mit der Wärmequelle, sonst wird der Teig ungleichmäßig mit Wärme versorgt. Sie können den Hefeteig aber auch im Backofen gehen lassen. Dafür wird dieser auf 50°C aufgeheizt, wieder ausgeschaltet und die Schüssel mit dem Hefeteig auf die unterste Leiste gestellt. Lassen Sie dabei eventuell die Backofentür einen Spalt offen.

Nach diesem ersten Gehen sollte der Teig unbedingt noch einmal gut durchgeknetet werden, denn dann können die Hefepilze erneut Kohlendioxid freisetzen, das den Teig lockert. Gleichzeitig können Sie nun auch die Geschmackszutaten wie Rosinen und Nüsse hinzufügen und/ oder den Teig formen.

Danach sollte er noch einmal kurz gehen, bevor er gebacken wird. Eine andere Möglichkeit der Hefeteigbereitung ist die sogenannte kalte Hefeteigführung. Sie gelingt aber nur bei fettreichen Teigen und verläuft ganz anders als die herkömmliche.

Dabei werden alle Zutaten kalt miteinander verknetet. Anschließend wird der Teig über Nacht (für 12 Stunden) in den Kühlschrank gestellt. Die Hefepilze entwickeln sich dann ganz langsam, so daß der fertige Teig besonders locker ist und gut seine Form behält. Am nächsten Morgen wird er dann nur noch einmal kurz durchgeknetet und den jeweiligen Rezepten entsprechend weiterverarbeitet.

Sie können Hefeteig auch ungebacken und fest verpackt einfrieren. Für die weitere Verwendung läßt man ihn später bei Zimmertemperatur auftauen und verarbeitet ihn dann wie einen frischen Hefeteig. Fertiges Hefegebäck sollte lauwarm und nicht länger als für 5 Monate eingefroren werden.

Grundrezept Hefeteig

Zubereitungszeit: ca. 20 Minuten
Zeit zum Gehen: ca. 1¼ Stunden

Zutaten:
500 g Weizen
¾ Würfel Hefe (30 g)
200 ml lauwarme Milch
1 Ei
100 g Butter
80 g Honig
abgeriebene Schale von 1 unbehandelten Zitrone

So wird's gemacht:
1. Den Weizen fein mahlen. Die Hefe zerbröseln und in der lauwarmen Milch auflösen.

2. Die aufgelöste Hefe zusammen mit dem Ei, der Butter, dem Honig und der Zitronenschale zum Mehl geben und alle Zutaten so lange zu einem Teig kneten, bis dieser sich gut von der Schüsselwand löst und eine geschmeidige Konsistenz hat.

3. Dann den Teig zu einer Kugel formen, in eine Schüssel geben, mit einem sauberen Küchentuch bedecken und an einem warmen Ort etwa 1 Stunde gehen lassen, bis sich sein Volumen verdoppelt hat.
4. Danach den Teig noch einmal kurz durchkneten. Sie können ihn nun entweder zu Gebäckstücken formen oder auf einem gefetteten Backblech ausrollen. Danach lassen Sie den Teig noch einmal 10 bis 20 Minuten gehen. Belegen Sie den Teig mit frischem Obst oder einem anderen Belag, schieben Sie das Blech auf der mittleren Einschubleiste in den kalten Backofen, und backen Sie das Hefegebäck bei 200°C ½ bis eine ¾ Stunde.

Variation
Der Weizen läßt sich bis zur Hälfte durch Hafer, Hirse, Gerste oder Buchweizen ersetzen.

Der Mürbeteig

Wenn es beim Backen schnell gehen soll, fällt die Wahl meistens auf einen Knetteig, der auch Mürbeteig oder Butterteig genannt wird. Er eignet sich ausgezeichnet als Boden für Obstkuchen oder auch zur Herstellung von Kleingebäck. Ein Mürbeteig ist nicht nur in kurzer Zeit gebacken, abgekühlt und damit gleich frisch zum Verzehr geeignet, er läßt sich auch im Handumdrehen herstellen.

Als der Mürbeteig noch mit der Hand zubereitet wurde, mußten die Zutaten, insbesondere das Fett, sehr kalt sein. Dann knetete man recht schnell, damit der Teig nicht warm und unansehnlich wurde. Zunächst schüttete man das Mehl auf ein Backbrett oder auf die Tischplatte. Dann gab man die Eier, Gewürze und das Süßungsmittel in die Mehlmulde und verarbeitete alles zu einem dicken Brei. Erst ganz zum Schluß legte man das kalte Fett in Stückchen darauf, überdeckte es rasch mit dem Mehl und knetete das Ganze mit den Händen zu einem geschmeidigen Teig. Unsere Großmütter verwendeten dabei für ihren Mürbeteig stets die gleichen Mengen Mehl und Fett.

Heutzutage bevorzugt man in der Regel eine Mischung, die nur halb soviel Fett wie Mehl enthält, wobei es natürlich auch Varianten gibt. Je mehr Fett der Teig enthält, desto weniger Eier sollte man nehmen, weil sie ihn hart machen. Unsere Großmütter konnten bei ihrer Fettmenge sogar getrost ganz auf Eier verzichten. Heute gilt als Faustregel, daß bei der oben erwähnten Mischung auf 250 Gramm Mehl nicht mehr als ein großes oder zwei kleine Eier verwendet werden sollten. Ähnliches gilt auch für die Menge des Süßungsmittels. Je zarter der Teig werden soll, desto sparsamer seien Sie damit. Im Regelfall rechnet man etwa die Hälfte der Fettmenge. Geschmacklich verbessern läßt sich ein Mürbeteig durch die Zugabe von gemahlener Vanille und/oder abgeriebener Schale von unbehandelten Zitronen oder Orangen. Ebenso kann man ihn mit gemahlenen Haselnüssen oder Mandeln verfeinern. Sie ersetzen dann einen Teil des Mehls.

Üblicherweise wird ein Mürbeteig mit weißem Weizenauszugsmehl gebacken. In der Vollkornbäckerei haben Sie die Möglichkeit, ihn aus frischgemahlenem Weizen oder Dinkel herzustellen. Als weitere Variationsmöglichkeiten bietet es sich an, ein Viertel bis die Hälfte des Vollkornmehls durch Gerste, Hafer, Hirse oder Mais zu ersetzen; alles natürlich frisch gemahlen.

Wenn Sie Ihren Mürbeteig mit den Knethaken des Handrührgerätes herstellen, verwenden Sie dazu am besten weiche Butter oder Margarine. Sie wird zusammen mit den anderen Zutaten in einer Schüssel bei niedriger Schaltstufe zu einem glatten Teig verknetet. Auch hier gilt, lieber schnell zu arbeiten, weil der Teig sonst leicht brüchig wird.

Egal wie Sie Ihren Teig nun geknetet haben, vor der weiteren Verarbeitung sollte er für mindestens ½ Stunde zugedeckt in den Kühlschrank gestellt werden, damit er beim Formen nicht bricht. Mürbeteige aus Vollkornmehl lassen sich danach nur schwer zur gewünschten Größe einer Tortenform ausrollen. Es empfiehlt sich daher, den frischgekneteten, weichen Mürbeteig sofort in eine gefettete Backform zu geben, mit einem nassen Löffel glattzustreichen und ihn erst dann im Kühlschrank ruhen und quellen zu lassen. Bei der Herstellung von Vollkornkleingebäck aus Mürbeteig ist es besser, den Teig länger im Kühlschrank zu lassen und jeweils nur kleine Portionen zum Ausrollen oder zum Formen herauszunehmen. Der Teig wird sonst sehr schnell weich und ist dann nur noch schwer zu verarbeiten. Auf diese Weise muß man ihn auch nicht mit viel Mehl einstäuben, denn ein Zuviel davon läßt leicht den zarten, mürben Geschmack des Gebäcks verlorengehen.

Vor dem Backen sollten Sie den Teig für Tortenböden mehrmals mit einer Gabel einstechen, damit er beim Backen keine Blasen wirft. Mürbeteige für Obstkuchen können Sie vor dem Belegen mit Vollkornbröseln oder gemahlenen Nüssen sowie mit Kokosraspeln bestreuen. Sie saugen einen Teil des Saftes auf und geben zusätzlich Geschmack. Falls Sie den Teig mit einem sehr feuchten Belag (zum Beispiel Rhabarberkompott) backen, empfiehlt es sich, den Boden zunächst ohne Belag etwa 10 Minuten blind vorzubacken. Danach den Belag daraufgeben und die Torte fertigbacken. Damit Ihr frischgebackener Mürbeteig zum Schluß nicht doch noch bricht, lassen Sie ihn kurz(!) in der Form abkühlen. Dann lösen Sie mit einem spitzen Messer den Gebäckrand von der Form, fahren mit einem breiten flachen Messer unter den Boden und heben ihn heraus. Wenn der Mürbeteig in der Form kalt wird, kann er leicht anhängen. Noch ein Tip zum Schluß: Mürbeteig läßt sich sowohl ungebacken als auch gebacken ausgezeichnet einfrieren.

Grundrezept Mürbeteig

Zubereitungszeit: ca. ½ Stunde
Kühlzeit: ca. ½ Stunde

Zutaten:

| 100 g Butter |
| 2 EL Honig, 2 Eier |
| ¼ TL gemahlene Vanille |
| 200 g Weizen oder Dinkel |
| 1 TL Weinsteinbackpulver |
| eventuell etwas Wasser oder Milch |
| Butter für die Form |

So wird's gemacht:

1. Die Butter mit dem Honig und den Eiern schaumig rühren und mit der Vanille würzen.

2. Den Weizen oder den Dinkel fein mahlen, dann mit dem Backpulver mischen und zusammen mit der Buttermasse zu einem glatten, weichen Teig verkneten. Etwas Wasser oder Milch nur hinzufügen, wenn die Eier sehr klein waren und der Teig sonst etwas zu fest ist.

3. Eine Tortenbodenform mit Rand (32 cm ∅) ausfetten, den Teig hineinlegen und mit einem nassen Löffel glattstreichen. Dann den Teig mit einer Gabel mehrmals einstechen.

4. Anschließend die Form für mindestens ½ Stunde zugedeckt in den Kühlschrank stellen und den Teig ruhen lassen.

Mürbeteigböden, die später belegt werden sollen, werden etwa 25 Minuten bei 200°C auf der mittleren Einschubleiste gebacken. Kleingebäck ist etwas schneller fertig. Falls Sie den Belag gleich mitbacken möchten, richtet sich die Backzeit nach der jeweiligen Belagart.

Eventuell müssen Sie den Boden auch etwa 10 Minuten blind vorbacken, bevor Sie den Belag daraufgeben (siehe kleines Foto oben). Damit der Teig keine Blasen wirft, beschwert man ihn beim Backen mit Hülsenfrüchten.

Der Strudelteig

Die Heimat des Strudels ist, wie die aller »Mehlspeisen«, das Gebiet des einstigen österreichisch-ungarischen Kaiserreichs. Hier sollen auch heute noch die besten Strudel gebacken und die meisten Rezepte kreiert werden.

Zu Zeiten der österreichisch-ungarischen Monarchie hieß es, ein guter Strudel müsse immer von vier Personen zubereitet werden: von einem Diplomaten, der den Teig in die Länge und in die Breite zieht, einem Finanzmann, der großzügig die Zutaten für die Füllung besorgt, von einem Soldaten, der das Feuer unterhält, und von einer Geliebten, die alles wunderbar versüßt.

Strudel können zum einen noch warm als Nachspeise gegessen werden, zum anderen schmecken sie sowohl warm als auch kalt zum Nachmittagskaffee. Da der Strudelteig sehr dünn ist und relativ neutral schmeckt, verträgt er eine üppige Füllung aus allerlei frischen Früchten, Trockenfrüchten, Nüssen, Honig oder Quark ebenso wie auch eine pikante aus gedünstetem Gemüse und/oder Quark und Käse. Die pikante Variante können Sie zusammen mit einem großen Salat als leichte Hauptmahlzeit oder als Imbiß für Gäste servieren.

Je dünner der Strudelteig ausgerollt wird, desto besser ist hinterher das fertige Gebäck. Damit das auch bei einem Vollkornstrudel gelingt, backt man ihn am besten aus Hartweizen. Verwenden Sie Weizen oder Dinkel, so sollten Sie ausnahmsweise einen Teil der Kleie aussieben. Auf diese Weise vermindern Sie die Bruchgefahr für den Strudel. Die ausgesiebte Kleie kann sofort wieder verwendet werden: Sie wird direkt auf den ausgerollten Strudelteig gestreut und saugt so, zum Beispiel bei einer sehr saftigen Füllung, einen Teil der Flüssigkeit auf. Sie können die Kleie aber auch genausogut zum Ausstreuen von Kuchenformen oder zum Brotbacken nehmen.

Rollen Sie Ihren Strudelteig immer von der Mitte her hauchdünn auf einem bemehlten Tuch aus. So gelingt das spätere Zusammenrollen wesentlich leichter.

Um ein Brechen zu verhindern, legen Sie den gefüllten und zusammengerollten Strudel mit der Nahtstelle nach unten statt auf ein Backblech in eine gefettete Auflaufform, in der Sie ihn auch gleich servieren können.

Grundrezept Strudelteig

Zubereitungszeit: ca. 35 Minuten
Ruhezeit: ca. 1 Stunde

Zutaten:
250 g Hartweizen
oder 300 g Weizen oder Dinkel
(davon 50 g Kleie aussieben)
1 Prise Salz
1 Ei, 2 EL Öl
1 TL Essig
⅛ l lauwarmes Wasser
Butter für die Form
etwas Milch oder flüssige Butter zum Bestreichen

So wird's gemacht:

1. Das Getreide fein mahlen und bei der Verwendung von Weizen oder Dinkel etwa 50 Gramm Kleie aussieben.

2. Das Salz, das Ei, das Öl, den Essig und das Wasser dazugeben und alles so lange zu einem weichen Teig verkneten, bis dieser geschmeidig ist und nicht mehr klebt.

3. Den Teig zu einer Kugel formen, mit etwas Öl bestreichen und mit einem Tuch zugedeckt dann etwa 1 Stunde ruhen lassen.

4. In der Zwischenzeit die Füllung zubereiten und eine große, längliche Auflaufform ausfetten.

5. Den Strudelteig auf einem bemehlten Tuch ganz dünn zu einem Rechteck ausrollen. Eventuell die Kleie darüberstreuen und dann die Füllung (z. B. eine Apfelfüllung, siehe Seite 76) darauf verteilen, dabei an den Rändern jeweils einen 5 Zentimeter breiten Streifen frei lassen.

6. Den Teig mit Hilfe des angehobenen Tuches vorsichtig zu einem Strudel zusammenrollen und die Teigränder gut zusammendrücken.

7. Den Strudel mit der Nahtstelle nach unten in eine gefettete Auflaufform gleiten lassen. Die Rolle nach Belieben mit etwas Milch oder flüssiger Butter bestreichen.

Backen Sie den Strudel, je nach Füllung, 30 bis 40 Minuten auf der mittleren Einschubleiste im auf 220° C vorgeheizten Backofen.

Grundrezept Quark-Öl-Teig

Zubereitungszeit: ca. ¼ Stunde
Ruhezeit: ca. ½ Stunde

Zutaten:

200 g Weizen
2 TL Weinsteinbackpulver
100 g Quark
2 EL Honig
1 Prise Salz
50 g Milch oder 1 Ei
3 EL Öl
Butter für die Form

So wird's gemacht:
1. Den Weizen fein mahlen, mit dem Backpulver mischen und in eine Schüssel geben.
2. Den Quark, den Honig, das Salz, die Milch oder das Ei und das Öl hinzufügen und alles zu einem weichen Teig verrühren.
3. Den Teig mindestens ½ Stunde im Kühlschrank ruhen lassen.
Sie können den Teig entweder in eine gefettete Springform geben und den Boden mit Obst oder einem anderen Belag belegen oder daraus kleine Gebäckstückchen formen (zum Beispiel Teigtaschen und Windmühlenräder).
Backen Sie den Quark-Öl-Teig im nicht vorgeheizten Backofen bei 220° C je nach Belag zwischen 35 und 45 Minuten.

Der Quark-Öl-Teig

Der Quark-Öl-Teig eignet sich hervorragend als Boden für Obstkuchen. Die Teigzutaten werden hier nicht geknetet, sondern in einer Schüssel gut miteinander verrührt. Genau wie ein Mürbeteig benötigt ein Quark-Öl-Teig kaum oder gar keine Eier und sollte wie dieser vor seiner Weiterverarbeitung mindestens ½ Stunde im Kühlschrank ruhen.
Grundlage des Teiges ist, wie der Name schon sagt, der Quark. Je frischer er ist, desto besser wird der Teig, denn alter Quark ist krümelig und wird auch mit einem Sahnezusatz nicht mehr geschmeidig. Er macht den Kuchen hart und trocken. Als Fettzugabe wird bei dieser Teigart Öl verwendet. Hier nimmt man am besten ein neutrales wie zum Beispiel ein gutes Sonnenblumenöl.
Der Quark-Öl-Teig bereitet bei der Zubereitung keinerlei Probleme. Er läßt sich sowohl ungebacken als auch gebacken und bereits mit einem Belag versehen gut einfrieren. Wenig bekannt ist, daß er nicht nur für Tortenböden, sondern auch gut zur Herstellung von Kleingebäck, zum Beispiel von Teigtaschen, verwendet werden kann.

Der Brandteig

Die Zubereitung von Brandteig unterscheidet sich ganz wesentlich von der Herstellung anderer Teigarten, denn aus den Zutaten wird zunächst einmal eine Art Wasser-Mehl-Suppe gekocht. Anschließend »brennt« man sie ab, bevor nach und nach die Eier daruntergerührt werden. Danach ist der Teig jedoch noch keineswegs fertig, sondern er muß noch im Ofen oder im heißen Fett gebacken werden. Dabei sollten Sie ihn sehr sorgsam behandeln, weil er durch rasche Abkühlung oder Zugluft schnell zusammenfällt. Aus diesem Grunde wagen sich viele nicht an das Ausprobieren von Brandteigrezepten. Das ist schade, denn der Teig hat sehr viele Vorzüge: Er ist weich wie ein Biskuitteig und luftig wie ein Blätterteig. Die Franzosen nennen ihn deshalb auch Pâte à choux – Windbeutelteig. Er ist schnell zubereitet und ideal für die Herstellung von Eclairs (»Liebesknochen«), Spritzkuchen, Torten, Waffeln und raffinierten Verzierungen, die man allesamt ausgezeichnet mit Obst, Sahne oder Cremes füllen kann.

Bei der Zubereitung des Brandteiges aus Vollkornmehl sollten Sie die folgenden Punkte beachten: Zunächst einmal werden das Wasser und das Fett zusammen aufgekocht, bevor das frischgemahlene Getreide auf einmal dazugeschüttet wird. Man rührt diese Mischung bei milder Hitze mit einem Holzlöffel so lange, bis der Mehlteig »abbrennt«, das heißt, bis er zu einem glatten Kloß geworden ist und sich leicht vom Topf löst. Dabei bildet sich am Topfboden ein weißlicher Belag. Danach nimmt man den Topf von der Flamme und rührt nach und nach so viele Eier unter den Teig, bis er glänzt und in langen Stücken vom Holzlöffel fällt. Die Eier machen das Gebäck leicht. Je mehr man von

ihnen verwendet, desto weniger Fett benötigt der Teig. Dabei gibt übrigens Butter dem Gebäck einen feineren Geschmack als Margarine. Und wenn Sie zusätzlich statt des Wassers Milch zum Kochen verwenden, erhält Ihr Gebäck außerdem eine schöne goldgelbe Kruste.

Wer nicht ganz auf die Triebkraft der Eier vertraut, gibt einen Teelöffel Backpulver an den Teig. Es darf aber erst daruntergerührt werden, wenn er abgekühlt ist.

Vor der Weiterverarbeitung läßt man den Brandteig am besten ½ Stunde ruhen. Er wird dann griffiger und besser formbar.

Brandteig läßt sich nicht ausrollen. Man sticht ihn entweder mit einem Löffel ab oder spritzt ihn mit dem Spritzbeutel auf das gefettete Blech. Gebäck aus Brandteig benötigt viel Hitze und wird deshalb immer im vorgeheizten Backofen gebacken. Öffnen Sie bitte während der ersten 15 bis 20 Minuten nicht die Backofentür, sonst könnte Ihr Gebäck zusammenfallen!

Wenn Sie Ihr Gebäck aus dem Backofen nehmen, sollten Sie ebenfalls Zugluft vermeiden. Lassen Sie es anschließend kurz abkühlen, und schneiden Sie es dann sofort mit einem spitzen Messer auf. Erst wenn beide Hälften auf einem Kuchengitter vollständig abgekühlt sind, können sie gefüllt werden.

Grundrezept Brandteig

Zubereitungszeit: ca. ½ Stunde
Ruhezeit: ca. ½ Stunde

Zutaten:

250 g Wasser
60 g Butter oder Margarine
1 Prise Salz
150 g Weizen
3–4 Eier
eventuell 2 TL Weinsteinbackpulver
eventuell 1 EL Honig

So wird's gemacht:

1. Das Wasser mit dem Fett und dem Salz aufkochen lassen.

2. Den Weizen fein mahlen und auf einmal hineinschütten. Dann das Ganze auf kleiner Flamme möglichst schnell zu einem glatten Kloß verrühren, bis sich der Teig vom Topf löst und sich ein weißer Belag am Topfboden gebildet hat.

3. Mit dem Rührlöffel ein Ei nach dem anderen unter den Teig rühren. Wenn er glänzt und in langen Stücken vom Rührlöffel fällt, keine Eier mehr dazugeben. Der Teig wird sonst zu flüssig und zerläuft auf dem Backblech.

4. Den Brandteig etwa ½ Stunde ruhen lassen, dann eventuell das Backpulver daruntermischen. Zum Backen müssen Sie den Backofen auf 220°C vorheizen und ein Backblech ausfetten. Sie können den Teig entweder mit zwei nassen Eßlöffeln oder mit dem Spritzbeutel als Teighäufchen oder als -streifen aufs Blech setzen. Das Gebäck wird auf der mittleren Einschubleiste etwa ½ Stunde im Backofen gebacken. Wenn Sie es zum Auskühlen herausnehmen, vermeiden Sie Zugluft. Das Brandteiggebäck kann zum Beispiel mit leicht gesüßter Sahne, frischen Früchten und Sahne oder mit Cremes gefüllt werden.

Der Biskuitteig

Hört man heutzutage den Namen Biskuit, so denkt jeder wohl zuerst an hohe, zarte Torten, luftige Biskuitrollen oder lockere gefüllte Biskuitschnitten. Dabei bedeutet der Name eigentlich nichts anderes als »Zwieback«, denn er kommt aus dem Französischen, geht auf lateinische Wurzeln zurück und heißt dort soviel wie zweimal gebacken.
Seit dem 17. Jahrhundert hat sich der Begriff Biskuit auch bei uns eingebürgert und wird in erster Linie von Konditoren verwendet. Für sie ist Biskuit eine schaumige Masse ohne Fettzugabe aus Eiern, Zucker (in der traditionellen Küche) und Mehl. Je nachdem welche Zusätze dem Teig sonst noch beigegeben werden, unterscheidet man zwischen Schokoladenbiskuit, Zitronenbiskuit und Nußbiskuit.
Der Biskuitteig ist etwas anspruchsvoll, denn seine Zubereitung verlangt viel Sorgfalt. Und da er seine lockere Konsistenz den schaumiggeschlagenen Eiern verdankt, muß er gut gerührt werden.
Bei der Zubereitung sollten Sie folgendermaßen vorgehen: Bevor Sie mit der eigentlichen Arbeit beginnen, fetten Sie am besten das Backblech oder die Form, die Sie verwenden möchten, gut aus und legen Sie sie unter Umständen mit Back- oder Pergamentpapier aus. Fetten Sie dabei immer nur den Boden aus, aber nicht den Rand, sonst rutscht der Teig ab und wird in der Mitte höher.
Sie sollten vor Beginn der Arbeit alle Zutaten bereitstellen und genau abwiegen, damit es bei der Zubereitung keine Verzögerungen gibt. Außerdem sollten Sie schon den Backofen vorheizen.
Je länger und schaumiger Sie die Eigelbmasse rühren und schlagen, desto lockerer wird Ihr späteres Gebäck. Die Zugabe von Backpulver

ist daher nicht unbedingt nötig. Den Anteil von Eigelb und Eiweiß kann man variieren: Das Eigelb färbt den Biskuit gelb und macht ihn trockener und feinporiger. Das Eiweiß läßt ihn heller und höher werden. Da Eischnee nicht lange steif bleibt, sollten Sie ihn immer erst ganz zum Schluß schlagen und ihn dann sofort mit einem Rührlöffel mit Loch unter den Teig heben, ebenso auch das Vollkornmehl.

Wenn Sie nämlich das Mehl mit dem elektrischen Handrührgerät einrühren, kann die Eigelbmasse schnell zusammenfallen, und der Biskuitboden wird dann flach und fest.

Während der ersten 20 Minuten der Backzeit sollten Sie auf keinen Fall die Backofentür öffnen, da Ihnen das Gebäck sonst zusammenfällt. Wenn Sie den Biskuitboden für eine gefüllte Torte verwenden möchten, backen Sie ihn am besten einen Tag vorher, denn frisch läßt er sich nur schwer durchschneiden. Er krümelt und bricht dann leicht. Schneiden Sie den Boden mit dem Messer rundum leicht ein, legen Sie dann einen festen Zwirnsfaden um den Rand, kreuzen Sie die Fadenenden, und ziehen Sie die Schlinge langsam zu. So läßt sich ein Biskuitboden problemlos quer durchschneiden. Danach können Sie ihn nach Belieben füllen und verzieren.

Grundrezept Biskuitteig

Zubereitungszeit: ca. ½ Stunde

Zutaten:

| 4 Eigelb |
| 4 EL Wasser |
| 100 – 150 g Honig |
| ¼ TL Vanille |
| 1 Prise Salz |
| 160 g Weizen oder Dinkel |
| eventuell 1 TL Weinsteinbackpulver |
| 4 Eiweiß |

So wird's gemacht:

1. Die Eigelbe zusammen mit dem Wasser, dem Honig, der Vanille und dem Salz mit den Schneebesen des Handrührgerätes so lange rühren, bis die Masse schaumig ist.
2. Den Weizen oder den Dinkel fein mahlen und eventuell mit dem Backpulver gut mischen.
3. Die Eiweiße sehr steif schlagen.

4. Den Eischnee auf die Eigelbmasse geben, das Vollkornmehl darüberstreuen und alles mit dem Rührlöffel vorsichtig mischen.

5. Den Teig sofort in eine gefettete oder mit Pergamentpapier ausgelegte Springform geben, glattstreichen und backen.

Backen Sie den Biskuitboden bei 180°C auf der untersten Einschubleiste 35 bis 40 Minuten. Falls die Form mit Pergamentpapier ausgelegt worden ist, dieses mit kaltem Wasser einpinseln und sofort abziehen.

Sie können den Biskuitboden vielseitig verwenden. Mit Obst belegt und mit einem Guß überzogen, schmeckt er fruchtig und frisch. Aufgeschnitten und mit Cremes oder Sahne gefüllt, ist er eine feine Torte, wenn Gäste kommen.

Kuchen und Kleingebäck

Eindrucksvolle Gugelhupfe sowie leckere Kasten- und Blechkuchen sind ideal für die Woche. Das feine Kleingebäck macht sich auch auf der Gästetafel sehr gut. Beides zusammen bildet hier den Auftakt zur Vollkornbäckerei.

Orangenkuchen

Zubereitungszeit: ca. 35 Minuten
Backzeit: ca. ¾ Stunden

Sie benötigen für ca. 20 Stücke:

Für den Rührteig:

100 g Butter
3–4 EL Honig
2 Eigelb
Saft von 1–2 Orangen
abgeriebene Schale von 1 unbehandelten Orange
abgeriebene Schale von ½ unbehandelten Zitrone
100 g Mais
150 g Dinkel
½ Päckchen Weinsteinbackpulver
Butter für die Form
2 Eiweiß

Für die Glasur:

1–2 TL Honig

So wird's gemacht:

1. Die Butter mit dem Honig gut verrühren. Dann zunächst die Eigelbe und anschließend den Orangensaft und die abgeriebene Orangen- und Zitronenschale hinzufügen und alles schaumig schlagen.

2. Den Mais und den Dinkel fein mahlen und zusammen mit dem Backpulver nach und nach zu der Eimasse geben.

3. Alle Zutaten zu einem weichen Teig verrühren und diesen etwa 10 Minuten quellen lassen. Inzwischen eine Kastenform (25–30 cm lang) ausfetten und kühl stellen.

4. Danach die Eiweiße steif schlagen und mit einem Rührlöffel vorsichtig unter den Teig heben.

5. Den Teig in die Kastenform füllen, mit einem nassen Löffel glattstreichen und die Form auf der untersten Einschubleiste in den kalten Backofen schieben. Den Kuchen bei 180°C etwa eine ¾ Stunde backen.

6. Danach den Kuchen in der Form kurz abkühlen lassen und ihn dann auf ein Kuchengitter stürzen.

7. Für die Glasur den Honig in 3 Eßlöffeln warmem Wasser auflösen und den Orangenkuchen damit bestreichen.

Tip

Der Orangenkuchen hält sich etwa 1 Woche frisch, wenn Sie ihn fest in Alufolie eingepackt kühl aufbewahren.
Er läßt sich aber auch ausgezeichnet einfrieren.

Marmorkuchen

Zubereitungszeit: ca. ½ Stunde
Backzeit: ca. 1¼ Stunden

Sie benötigen für 16 – 20 Stücke:

Für den Rührteig:
250 g Butter
150 g Honig
4 Eigelb
1 EL Rum
¼ TL gemahlene Vanille
abgeriebene Schale von
½ unbehandelten Zitrone
250 g Weizen
250 g Dinkel
1 Päckchen Weinsteinbackpulver
⅛ l Milch
4 Eiweiß
Butter für die Form
Mehl zum Ausstreuen

Außerdem:
4 TL Carob oder 3 gestr. TL Kakaopulver
3 EL Milch

So wird's gemacht:

1. Die Butter mit dem Honig verrühren. Dann nach und nach die Eigelbe hinzugeben und alles schaumig schlagen. Die Eimasse mit dem Rum, der Vanille und der Zitronenschale würzen.
2. Den Weizen und den Dinkel fein mahlen und mit dem Backpulver mischen.
3. Das Mehl abwechselnd mit der Milch zur Eimasse geben und alle Zutaten zu einem weichen Teig verrühren. Dabei Milch hinzufügen, bis der Teig die gewünschte Konsistenz erreicht hat.
4. Den Teig bei Zimmertemperatur etwa 10 Minuten quellen lassen. Inzwischen eine Napfkuchenform (24 cm ⌀) ausfetten und in den Kühlschrank stellen.
5. Dann die Eiweiße steif schlagen und vorsichtig mit einem Rührlöffel unter den Teig heben.
6. Die Napfkuchenform mit etwas Mehl ausstreuen und zwei Drittel des Teiges hineinfüllen.
7. Die Carob oder den Kakao mit der Milch verrühren und unter den restlichen Teig mischen. Den dunklen Teig ebenfalls in die Form füllen und alles mit einer Gabel spiralförmig verrühren. Dann den Teig mit einem nassen Löffel glattstreichen.
8. Die Form auf der untersten Einschubleiste in den kalten Backofen schieben und den Kuchen bei 180°C etwa 1¼ Stunden backen.
9. Anschließend den Marmorkuchen in der Form 5 bis 10 Minuten abkühlen lassen und ihn dann auf ein Kuchengitter stürzen.

Aprikosenmichel

Zubereitungszeit: ca. ½ Stunde
Backzeit: ca. 1 Stunde

Sie benötigen für 16 – 20 Stücke:

Für den Rührteig:
Butter für die Form
100 g Butter
150 g Honig
4 Eigelb
750 g Schichtkäse oder
gut abgetropften Quark
100 g Hartweizen
100 g Mandeln
½ Päckchen Weinsteinbackpulver
4 Eiweiß

Außerdem:
500 g Aprikosen
einige Mandelplättchen zum
Bestreuen

So wird's gemacht:
1. Eine Spring- oder Auflaufform (26 cm ⌀) ausfetten und in den Kühlschrank stellen. Die Butter mit dem Honig verrühren. Dann die Eigelbe dazugeben und alles schaumig rühren. Zuletzt den Schichtkäse oder den Quark unter die Eimasse rühren.
2. Den Hartweizen und die Mandeln fein mahlen und zusammen mit dem Backpulver unter die Schichtkäsemasse rühren.
3. Die Eiweiße steif schlagen. Die Aprikosen waschen, halbieren, entsteinen und zusammen mit dem Eischnee unter die Schichtkäsemasse heben.
4. Den Teig in die Spring- oder Auflaufform füllen, mit einem nassen Löffel glattstreichen und mit den Mandelplättchen bestreuen.
5. Die Form auf der untersten Einschubleiste in den kalten Backofen schieben und den Kuchen bei 200°C 50 bis 60 Minuten backen.

Tip
Der Aprikosenmichel schmeckt warm und kalt gleich gut. Wer mag, serviert dazu noch eine Fruchtsauce.

Savarin

Zubereitungszeit: ca. 1 Stunde
Zeit zum Gehen: ca. 1¼ Stunden
Backzeit: ca. 35 Minuten

Sie benötigen für 16 – 20 Stücke:

Für den Hefeteig:

350 g Weizen
½ TL gemahlene Vanille
etwa 5 EL lauwarme Milch
⅓ Würfel Hefe (15 g)
70–100 g Honig
100 g Butter
Butter für die Form
2 Eier

Für die Füllung:

etwas Fruchtsaft nach Geschmack
frisches Obst der Jahreszeit
100 g Sahne

So wird's gemacht:

1. Den Weizen fein mahlen und mit der Vanille mischen.

2. Die Hefe zerbröseln, in der lauwarmen Milch auflösen und zusammen mit der Butter und den Eiern zum Weizenmehl geben.

3. Alle Zutaten in 5 bis 10 Minuten zu einem glatten weichen Teig verkneten. Er sollte sich gut von der Schüssel lösen und nicht mehr kleben.

4. Den Teig zu einer Kugel formen und zugedeckt an einem warmen Ort ½ bis eine ¾ Stunde gehen lassen, bis sich sein Volumen nahezu verdoppelt hat.

5. Eine Ringform (26 cm ⌀) ausfetten. Den Teig noch einmal gut durchkneten, in die Form geben und mit einem nassen Löffel glattstreichen. Dann den Teig an einem warmen Ort noch einmal 20 bis 30 Minuten gehen lassen.

6. Die Ringform auf der mittleren Einschubleiste in den kalten Backofen schieben und den Kuchen bei 200° C 30 bis 35 Minuten backen.

7. Den Savarin kurz abkühlen lassen und in eine große Schüssel stürzen. Die Teigoberfläche mit einem Zahnstocher rundherum mehrmals einstechen und den Kuchen mit dem Fruchtsaft begießen.

8. Den Savarin nach dem Abkühlen auf eine Tortenplatte setzen. Das Obst putzen, waschen und in die Kuchenmitte füllen.

9. Die Sahne steif schlagen, in einen Spritzbeutel füllen und rund um den Savarin kleine Tupfen spritzen.

Pfirsichnapfkuchen

Zubereitungszeit: ca. 25 Minuten
Zeit zum Gehen: ca. 1½ Stunden
Backzeit: ca. 1 Stunde

Sie benötigen für 16 – 20 Stücke:

Für den Hefeteig:

500 g Dinkel
abgeriebene Schale von
1 unbehandelten Zitrone
1 Msp. gemahlene Vanille
½ TL Delifrut oder gemahlenen Zimt
1 Würfel Hefe (45 g)
150 ml lauwarme Milch
100 g Butter
100–150 g Honig
2 Eier
Butter für die Form

Außerdem:

500 g Pfirsiche

So wird's gemacht:

1. Den Dinkel fein mahlen und die abgeriebene Zitronenschale, die Vanille und das Delifrut oder den Zimt daruntermischen.
2. Die Hefe zerbröseln, in der lauwarmen Milch auflösen und zusammen mit der Butter, dem Honig und den Eiern zu dem Dinkelmehl geben.
3. Alle Zutaten zu einem weichen Teig verkneten. Diesen dann etwa 1 Stunde zugedeckt an einem warmen Ort gehen lassen, bis sich sein Volumen nahezu verdoppelt hat.
4. Die Pfirsiche waschen, halbieren, entsteinen und in kleine Stücke schneiden. Dann unter den Hefeteig kneten. Eine Napfkuchenform (24 cm ⌀) ausfetten.
5. Den Teig in die Form füllen (sie sollte etwa zu zwei Dritteln gefüllt sein) und mit einem nassen Löffel glattstreichen.
6. Den Backofen auf 50° C aufheizen, wieder ausschalten und die Form auf die unterste Einschubleiste stellen. Den Teig noch einmal etwa ½ Stunde gehen lassen.
7. Anschließend den Napfkuchen bei 200° C etwa 1 Stunde backen. Dann kurz abkühlen lassen und den Kuchen auf ein Kuchengitter stürzen.

Variation
Statt der Pfirsiche können Sie auch Nektarinen, Aprikosen, Kirschen oder Pflaumen nehmen.

Holsteiner Butterkuchen

Zubereitungszeit: ca. 40 Minuten
Zeit zum Gehen: ca. 1¼ Stunden
Backzeit: ca. 35 Minuten

Sie benötigen für ca. 24 Stücke:

Für den Hefeteig:
100 g Butter
80 g Honig
1 Ei
abgeriebene Schale von
½ unbehandelten Zitrone
500 g Dinkel oder Weizen
1 Würfel Hefe (40 g)
200 ml lauwarme Milch
Butter für das Blech

Für den Belag:
200 g Joghurt oder saure Sahne
1 Eigelb
100 g Honig
1 TL gemahlenen Zimt
1 Eiweiß
100 g gemahlene Mandeln
100 g Butter
100 g gehobelte Mandeln

So wird's gemacht:

1. Die Butter mit dem Honig und dem Ei schaumig rühren und die Zitronenschale dazugeben.
2. Den Dinkel oder den Weizen fein mahlen und hinzufügen. Die Hefe zerbröseln, in der lauwarmen Milch auflösen und ebenfalls dazugeben.
3. Alle Zutaten in 5 bis 10 Minuten zu einem weichen Teig verkneten. Er sollte sich gut von der Schüssel lösen und nicht mehr kleben.
4. Den Teig zu einer Kugel formen und zugedeckt an einem warmen Ort etwa 1 Stunde gehen lassen, bis sich sein Volumen verdoppelt hat.
5. Ein Backblech ausfetten. Den Teig noch einmal kurz durchkneten und auf dem Blech ausrollen. Dann noch einmal an einem warmen Ort etwa ¼ Stunde gehen lassen.
6. In der Zwischenzeit für den Belag den Joghurt oder die saure Sahne mit dem Eigelb und dem Honig verrühren und mit dem Zimt würzen. Das Eiweiß steif schlagen und die gemahlenen Mandeln darunterziehen.
7. Den Belag gleichmäßig auf dem Hefeteig verstreichen.
8. Die Butter in kleine Würfel schneiden und ebenfalls gleichmäßig auf dem Teig verteilen. Zum Schluß die gehobelten Mandeln darüberstreuen.
9. Das Blech auf der mittleren Einschubleiste in den kalten Backofen schieben und den Butterkuchen bei 200° C 30 bis 35 Minuten backen.

Streuselkuchen

Zubereitungszeit: ca. 40 Minuten
Zeit zum Gehen: ca. 1¼ Stunden
Backzeit: ca. ½ Stunde

Sie benötigen für ca. 24 Stücke:

Für den Hefeteig:

400 g Dinkel oder Weizen
1 Ei
50 g Butter
80 g Honig
¼ TL gemahlene Vanille
abgeriebene Schale von
½ unbehandelten Zitrone
¾ Würfel Hefe (30 g)
⅛ l lauwarme Milch
Butter für das Blech

Für die Streusel:

200 g Weizen
100 g Mandeln
1 TL gemahlenen Zimt
150 g Butter
125 g Honig

So wird's gemacht:

1. Den Dinkel oder den Weizen fein mahlen und zusammen mit dem Ei, der Butter, dem Honig, der Vanille und der abgeriebenen Zitronenschale in eine Schüssel geben.
2. Die Hefe zerbröseln, in der lauwarmen Milch auflösen und dazugeben.
3. Alle Zutaten zu einem glatten, weichen Teig verkneten. Er sollte nicht mehr kleben und sich gut von der Schüssel lösen.
4. Den Teig zu einer Kugel formen und zugedeckt an einem warmen Ort etwa 1 Stunde gehen lassen, bis sich sein Volumen nahezu verdoppelt hat.
5. In der Zwischenzeit für die Streusel den Weizen und die Mandeln fein mahlen und beides zusammen mit dem Zimt, der Butter und dem Honig zu einem Mürbeteig verkneten. Den Teig bis zur Verwendung zugedeckt in den Kühlschrank stellen.
6. Ein Backblech ausfetten. Den Hefeteig noch einmal durchkneten und das Blech damit auslegen. Den Teig an einem warmen Ort noch einmal etwa ¼ Stunde gehen lassen.
7. Den Mürbeteig zwischen den Fingern zu Streuseln zerbröseln und diese gleichmäßig auf dem Hefeteig verteilen.
8. Das Blech auf der mittleren Einschubleiste in den kalten Backofen schieben und den Streuselkuchen bei 200° C etwa ½ Stunde backen.

Mandeltörtchen

Zubereitungszeit: ca. ¾ Stunden
Backzeit: ca. 25 Minuten

Sie benötigen für ca. 24 Stück:

Für den Rührteig:

125 g Butter
100–120 g Honig
2 Eigelb
150 g Dinkel
150 g Mandeln
2 TL Weinsteinbackpulver
⅛ l Milch
2 Eiweiß

Außerdem:

40 g gehobelte Mandeln

So wird's gemacht:
1. Die Butter mit dem Honig verrühren. Dann die Eigelbe hinzugeben und alles schaumig schlagen.
2. Den Dinkel und die Mandeln fein mahlen und mit dem Backpulver mischen.
3. Das Mehl abwechselnd mit der Milch zu der Eimasse geben und alles zu einem weichen, nicht zu festen Teig verrühren. Diesen etwa ¼ Stunde quellen lassen.
4. Die Eiweiße steif schlagen und mit einem Rührlöffel vorsichtig unter den Teig heben.
5. Anschließend den Teig in etwa 24 Papiertörtchen füllen. Auf jedes Törtchen einige gehobelte Mandeln streuen und dann alle auf ein Backblech setzen.
6. Das Blech auf der mittleren Einschubleiste in den kalten Backofen schieben und die Mandeltörtchen bei 200° C 20 bis 25 Minuten backen.
7. Anschließend die Törtchen herausnehmen und auf einem Kuchengitter auskühlen lassen.

Dinkel-Haselnuß-Waffeln

Zubereitungszeit: ca. ¾ Stunden
Backzeit: ca. 20 Minuten

Sie benötigen für ca. 6 Stück:

70 g Butter
2–4 EL Honig
2 Eier
1 TL gemahlenen Zimt
150 g Dinkel
100 g Haselnüsse
50 g Sesamkörner
2 TL Weinsteinbackpulver
¼ l Milch

So wird's gemacht:
1. Die Butter mit dem Honig verrühren. Dann die Eier dazugeben und alles schaumig schlagen. Anschließend den Zimt darunterrühren.
2. Den Dinkel und die Haselnüsse fein mahlen und mit den Sesamkörnern und dem Backpulver mischen.
3. Die Mehlmischung abwechselnd mit der Milch zu der Eimasse geben und alles zu einem weichen Rührteig verarbeiten. Diesen ¼ bis ½ Stunde bei Zimmertemperatur quellen lassen.
4. Ein Waffeleisen vorheizen und aus dem Teig nacheinander etwa 6 goldbraune Waffeln backen. Die fertigen auf einem Kuchengitter auskühlen lassen.

Tip
Servieren Sie die Waffeln mit Schlagsahne und frischem Obst der Jahreszeit.

Knusprige Mandelhörnchen

Zubereitungszeit: ca. ½ Stunde
Quellzeit: ca. ½ Stunde
Backzeit: ca. 25 Minuten

Sie benötigen für ca. 12 Hörnchen:

2 Eier
2–4 EL Honig
60 g Butter
1 Msp. gemahlene Vanille
½ TL gemahlenen Zimt
100 g Dinkel
50 g Mandeln
etwa 5 EL lauwarmes Wasser

So wird's gemacht:
1. Die Eier mit dem Honig und der weichen Butter schaumig rühren und anschließend mit der Vanille und dem Zimt würzen.
2. Den Dinkel und die Mandeln fein mahlen und dazugeben. Etwas Wasser hinzufügen und alle Zutaten mit Hilfe des Handrührgerätes zu einem weichen Teig verrühren. Diesen mindestens ½ Stunde quellen lassen.
3. Anschließend jeweils etwa 1 Eßlöffel der Teigmasse in ein Hörncheneisen geben, dieses fest zusammendrücken und den Teig in etwa 2 Minuten goldbraun backen.
4. Das Gebäck mit Hilfe einer Gabel herausnehmen und noch heiß zu einem Hörnchen rollen. Anschließend auf einem Kuchengitter auskühlen lassen.

Tip
Das Gebäck läßt sich gut in einer Blechdose aufbewahren. Mit Eiskugeln gefüllt schmecken die Hörnchen ganz ausgezeichnet.

Sahneschwäne

Zubereitungszeit: ca. 50 Minuten
Ruhezeit: ca. ½ Stunde
Backzeit: ca. ½ Stunde

Sie benötigen für 8 Stück:

Für den Brandteig:

¼ l Milch
60 g Butter
150 g Weizen
3 Eier
1 EL Honig
¼ TL gemahlene Vanille
Butter für das Blech

Für die Füllung:

250 g Sahne
¼ TL gemahlene Vanille
1–2 EL Sucanat (Ursüße)

So wird's gemacht:
1. Die Milch mit der Butter in einem Topf langsam aufkochen lassen. Den Weizen fein mahlen und auf einmal hineinschütten.
2. Das Ganze bei milder Hitze mit einem Holzlöffel möglichst schnell und so lange rühren, bis der Teig zu einem glatten Kloß geworden ist und sich vom Topf löst. Dabei bildet sich am Topfboden ein weißlicher Belag.
3. Anschließend den Topf vom Herd nehmen und nach und nach die Eier unter die Masse rühren, bis der Teig glänzt und in langen Stücken vom Löffel fällt. Nun den Teig mit dem Honig und der Vanille würzen und ihn ½ Stunde bei Zimmertemperatur ruhen lassen.
4. Den Backofen auf 220° C vorheizen und ein Backblech ausfetten. Den Teig in einen Spritzbeutel mit großer Tülle füllen.

5. Für die Schwanenkörper zunächst acht Ovale auf das Blech spritzen. Anschließend auf jedes Oval ein zweites, etwas kleineres spritzen. Dann zusätzlich für die Schwanenhälse noch acht etwa 6 Zentimeter große »S« auf das Blech spritzen.
6. Das Blech sofort auf der mittleren Einschubleiste in den Backofen schieben und das Brandteiggebäck bei 220° C backen.
Nach 15 bis 20 Minuten die Schwanenhälse herausnehmen und auf einem Kuchengitter auskühlen lassen. Die Ovale müssen noch etwa 10 Minuten länger backen.

7. Dann auch die Ovale aus dem Ofen nehmen, von jedem sofort einen Deckel abschneiden und das Gebäck auskühlen lassen.
8. Für die Füllung die Sahne steif schlagen, mit der Vanille und dem Sucanat würzen und auf die Böden der Schwanenkörper gleichmäßig verteilen.
9. Die Deckel der Länge nach halbieren und als Flügel in die Sahne stecken. Zum Schluß die Schwanenhälse ebenfalls in die Sahne stecken und alles möglichst bald servieren.

Schokoladenéclairs

Zubereitungszeit: ca. 50 Minuten
Ruhezeit: ca. 1 Stunde
Backzeit: ca. ½ Stunde

Sie benötigen für 8 Stück:

Für den Brandteig:
¼ l Milch
60 g Butter
1 EL Honig
¼ TL gemahlene Vanille
1 Prise Salz
150 g Dinkel oder Weizen
3 Eier
Butter für das Blech

Für den Guß:
3 EL Butter
1 EL Honig
½ TL gemahlenen Zimt
1 EL Kakaopulver
1–2 EL Sahne
1 Msp. Agar-Agar

Für die Füllung:
200 g Sahne
2 EL Kakaopulver
¼ TL gemahlene Vanille
1–2 EL Sucanat (Ursüße)

So wird's gemacht:

1. Die Milch mit der Butter, dem Honig, der Vanille und etwas Salz in einem Topf langsam aufkochen lassen. Den Dinkel oder den Weizen fein mahlen und auf einmal hineinschütten.

2. Das Ganze bei milder Hitze mit einem Holzlöffel möglichst schnell und so lange rühren, bis der Teig zu einem glatten Kloß geworden ist und sich vom Topf löst. Dabei bildet sich am Topfboden ein weißlicher Belag.

3. Dann den Topf vom Herd nehmen, den Teig etwas abkühlen lassen und nach und nach die Eier darunterrühren, bis er glänzt und in langen Stücken vom Löffel fällt. Anschließend den Brandteig bei Zimmertemperatur etwa 1 Stunde ruhen lassen.

4. Ein Backblech ausfetten und den Backofen auf 200°C vorheizen.

5. Den Teig in einen Spritzbeutel mit großer Tülle füllen und für jedes Éclair zwei etwa 10 Zentimeter lange Streifen direkt nebeneinander auf das Backblech spritzen und darauf noch zwei etwas kleinere Streifen setzen.

6. Das Blech auf der mittleren Einschubleiste in den Backofen schieben und die Éclairs bei 200°C etwa ½ Stunde backen.

7. Die Éclairs aus dem Ofen nehmen und etwas abkühlen lassen. Dann sofort mit einem spitzen Messer der Länge nach aufschneiden und das Gebäck auf einem Kuchengitter auskühlen lassen.

8. Für den Guß die Butter in einem Topf langsam schmelzen lassen und mit dem Honig, dem Zimt, dem Kakao und der Sahne verrühren.

9. Den Agar-Agar hinzufügen und das Ganze noch einmal erhitzen. Dann die Deckel der Éclairs mit einem Pinsel mit dem Guß bestreichen und diesen fest werden lassen.

10. Für die Füllung die Sahne steif schlagen und den Kakao, die Vanille und das Sucanat gleichmäßig darunterrühren.

11. Die Füllung auf den Böden der Éclairs verteilen, die mit dem Guß überzogenen Deckel daraufsetzen und die Éclairs möglichst gleich servieren.

Äpfel im Schlafrock

Zubereitungszeit: ca. ½ Stunde
Zeit zum Gehen: ca. ¾ Stunden
Backzeit: ca. 20 Minuten

Sie benötigen für 6 Stück:

Für den Hefeteig:

250 g Weizen
¼ TL gemahlene Vanille
½ Würfel Hefe (20 g)
100 ml lauwarme Milch
1–2 EL Honig
50 g Butter
Butter für das Blech

Für die Füllung:

6 kleine Äpfel
2 EL ungeschwefelte Rosinen
1 EL Haselnüsse
1 EL Mandeln
1 EL Sonnenblumenkerne

Zum Bestreichen:

etwas Milch oder 1 Eigelb

So wird's gemacht:

1. Den Weizen fein mahlen und mit der Vanille mischen.
2. Die Hefe zerbröseln, in der lauwarmen Milch auflösen und zusammen mit dem Honig und der Butter zum Weizenmehl geben.
3. Alle Zutaten in 5 Minuten zu einem glatten, weichen Teig verkneten. Er sollte sich gut von dem Schüsselrand lösen und nicht mehr kleben.
4. Den Teig zu einer Kugel formen und zugedeckt an einem warmen Ort etwa eine ¾ Stunde gehen lassen, bis sich sein Volumen nahezu verdoppelt hat.
5. Danach den Teig noch einmal gut durchkneten und in sieben etwa gleich große Stücke teilen. Sechs Stücke davon dünn zu Quadraten ausrollen.
6. Die Äpfel waschen, eventuell schälen und mit einem Apfelausstecher die Kerngehäuse entfernen.
7. Die Rosinen waschen und gut abtropfen lassen. Die Mandeln und die Haselnüsse fein mahlen. Beides mit den Rosinen und den Sonnenblumenkernen mischen und das Ganze in die ausgestochenen Äpfel füllen. Den Backofen auf 220° C vorheizen.
8. Auf jedes Teigquadrat einen Apfel setzen, die Ränder hochschlagen und die Äpfel gleichmäßig mit dem Teig umhüllen, ohne daß Löcher oder Risse entstehen.
9. Aus dem siebenten Teigstück kleine Stiele und Blätter formen und die umhüllten Äpfel damit verzieren.
10. Ein Backblech ausfetten, die Äpfel daraufsetzen. Den Teig mit etwas lauwarmer Milch oder mit einem verquirlten Eigelb bestreichen und das Blech auf der mittleren Einschubleiste in den Backofen schieben. Die Äpfel bei 220° C 15 bis 20 Minuten backen.

Mandeltaler

Zubereitungszeit: ca. 25 Minuten
Kühlzeit: ca. 2 Stunden
Backzeit: ca. 20 Minuten

Sie benötigen für ca. 40 Stück:

Für den Mürbeteig:
70 g Butter
50 ml Zuckerrübensirup
70 g Mandeln
80 g Weizen
¼ TL gemahlene Vanille
Butter für das Blech

Für den Belag:
40 g Mandeln
2 EL Honig

So wird's gemacht:
1. Die Butter mit dem Zuckerrübensirup schaumig rühren.
2. Die Mandeln und den Weizen fein mahlen und zusammen mit der Vanille hinzufügen.
3. Alle Zutaten zu einem glatten, weichen Teig verkneten, diesen zu einer Kugel formen und zugedeckt für mindestens 2 Stunden in den Kühlschrank stellen.
4. Anschließend ein Backblech ausfetten. Aus dem Teig haselnußgroße Kugeln formen, sie mit dem Handballen flach drücken und auf das Backblech setzen. Die Taler mit einer Gabel mehrmals einstechen.
5. Für den Belag die Mandeln fein hacken und in einem Topf bei milder Hitze mit dem Honig erhitzen.
6. Auf jeden Taler etwas von der Mandel-Honig-Masse geben.
7. Das Blech auf der mittleren Einschubleiste in den kalten Backofen schieben und die Mandeltaler bei 200° C 15 bis 20 Minuten backen.
8. Anschließend die Mandeltaler mit einem flachen Messer vom Blech lösen und auf einem Kuchengitter auskühlen lassen. Sie lassen sich gut in einer Blechdose aufbewahren.

Zitronenkekse

Zubereitungszeit: ca. 25 Minuten
Kühlzeit: ca. 2 Stunden
Backzeit: ca. 25 Minuten

Sie benötigen für ca. 50 Stück:

Für den Mürbeteig:
125 g Butter
100 g Honig
1 Ei
¼ TL gemahlene Vanille
100 g Hartweizen
50 g Hirse
100 g Mais
Saft und abgeriebene Schale von 1 unbehandelten Zitrone
1 TL Weinsteinbackpulver

Außerdem:
Butter für das Blech

So wird's gemacht:
1. Die Butter mit dem Honig, dem Ei und der gemahlenen Vanille schaumig rühren.
2. Das Getreide fein mahlen und zusammen mit dem Zitronensaft, der abgeriebenen Zitronenschale und dem Backpulver hinzufügen. Anschließend alle Zutaten zu einem glatten weichen Mürbeteig verkneten.
3. Den Teig zu einer Kugel formen und zugedeckt für mindestens 2 Stunden, besser noch über Nacht, in den Kühlschrank stellen.
4. Danach ein Backblech ausfetten. Den Teig nun zu einer glatten Rolle formen, davon etwa ½ Zentimeter dicke Scheiben abschneiden und auf das Blech setzen.
5. Das Blech auf der mittleren Einschubleiste in den kalten Backofen schieben und die Kekse bei 200° C etwa 25 Minuten backen.
6. Danach die Kekse mit einem flachen Messer vom Blech lösen und auf einem Kuchengitter auskühlen lassen. Sie lassen sich gut in einer Blechdose aufbewahren.

Variation
Sie können die Äpfel auch mit getrockneten und gewürfelten Aprikosen und grob gehackten Walnüssen füllen.

Tip
Äpfel im Schlafrock schmecken sowohl lauwarm als auch kalt, z. B. mit Schlagsahne oder auch mit einer Vanillesauce.

Obstkuchen und Torten

Frische ist Trumpf – so einfach lassen sich die leckeren Obstkuchen beschreiben, die die ganze Vielfalt des Obstgartens ausschöpfen. Die nachfolgenden Torten verschönern so manche Kaffeetafel und zeigen, wie abwechslungsreich Vollkorngebäck sein kann.

Zitronentorte

Zubereitungszeit: ca. 35 Minuten
Zeit zum Durchziehen: ca. 3 Stunden
Backzeit: ca. 35 Minuten

Sie benötigen für ca. 16 Stücke:

Für den Biskuitteig:
3 Eigelb
3 EL Wasser
120 g Honig
abgeriebene Schale von
1 unbehandelten Zitrone
120 g Dinkel oder halb Mais, halb Dinkel
3 Eiweiß
Butter für die Form
Saft von ½–1 Zitrone und 1 Orange

Für den Belag:
1 unbehandelte Zitrone
¼ l Wasser
Saft von 1 Zitrone
1 EL Honig
1 TL Agar-Agar

So wird's gemacht:
1. Die Eigelbe mit dem Wasser, dem Honig und der abgeriebenen Zitronenschale zu einem dicklichen hellgelben Schaum schlagen. Den Backofen auf 180° C vorheizen.
2. Den Dinkel oder die Dinkel-Mais-Mischung fein mahlen. Die Eiweiße steif schlagen. Beides mit einem Rührlöffel vorsichtig unter den Eigelbschaum heben.
3. Den Boden einer Springform (26 cm ⌀) ausfetten, den Teig hineinfüllen und mit einem nassen Löffel glattstreichen.
4. Die Form auf der mittleren Einschubleiste in den Backofen schieben und den Boden bei 180° C 30 bis 35 Minuten backen.
5. Anschließend die Form aus dem Backofen nehmen, den Boden auf ein Kuchengitter stürzen und mit einem Holzstäbchen auf der gesamten Oberfläche mehrmals einstechen.
6. Den Boden mit dem Orangen- und dem Zitronensaft beträufeln und etwa 3 Stunden durchziehen lassen.
7. Danach die Zitrone in hauchdünne Scheiben schneiden. Das Wasser mit dem Zitronensaft und dem Honig verrühren und die Zitronenscheiben darin etwa 3 Minuten dünsten.
8. Nun die Zitronenscheiben herausnehmen, gut abtropfen lassen und die Torte damit belegen.
9. Für den Guß das Zitronenwasser mit dem Agar-Agar verrühren, einmal aufkochen und etwa 2 Minuten sprudelnd kochen lassen. Dann abkühlen lassen.
10. Kurz bevor der Guß fest wird (wenn er fast abgekühlt ist), ihn mit einem Löffel über die Zitronenscheiben verteilen und dann vollständig erkalten lassen.

Bunte Obsttorte

Zubereitungszeit: ca. ½ Stunde
Küklzeit: ca. ½ Stunde
Backzeit: ca. 25 Minuten

Sie benötigen für ca. 20 Stücke:

Für den Mürbeteig:
100 g Butter
2 EL Honig
2 Eier
¼ TL gemahlene Vanille
200 g Weizen oder Dinkel
1 TL Weinsteinbackpulver
eventuell etwas Wasser oder Milch
Butter für die Form

Für den Belag:
3 Nektarinen
200 g Brombeeren oder Himbeeren
1 Kiwi oder anderes Obst der Jahreszeit
2 EL gemahlene Haselnüsse

Für den Guß:
¼ l naturtrüber ungezuckerter Apfelsaft
1 TL Agar-Agar
eventuell 1 EL Honig

So wird's gemacht:
1. Die Butter mit dem Honig und den Eiern schaumig rühren und mit der Vanille würzen.
2. Den Weizen oder den Dinkel fein mahlen, mit dem Backpulver mischen und zusammen mit der Buttermasse zu einem glatten, weichen Teig verkneten. Etwas Wasser oder Milch nur hinzufügen, wenn die Eier sehr klein waren und der Teig sonst etwas zu fest ist.
3. Eine Tortenform mit Rand (32 cm ⌀) ausfetten, den Teig hineinlegen und mit einem nassen Löffel glattstreichen. Mit einer Gabel mehrmals einstechen. Anschließend die Form für mindestens ½ Stunde zugedeckt in den Kühlschrank stellen und den Teig ruhen lassen.
4. Danach die Form auf der mittleren Einschubleiste in den kalten Backofen schieben und den Tortenboden bei 200° C etwa 25 Minuten backen.
5. Den Boden kurz abkühlen lassen, mit einem spitzen Messer den Rand lösen und den Boden auf ein Kuchengitter stürzen.
6. Das Obst putzen und waschen. Die Nektarinen halbieren, entsteinen und in Spalten schneiden, die Kiwi schälen und in Scheiben schneiden.
7. Die gemahlenen Haselnüsse auf den abgekühlten Tortenboden streuen und das Obst dekorativ darauf anordnen.
8. Den Apfelsaft mit dem Agar-Agar glattrühren, eventuell mit dem Honig süßen und die Flüssigkeit zum Kochen bringen. Den Guß etwa 2 Minuten sprudelnd kochen und dann etwas abkühlen lassen.
9. Den lauwarmen, leicht eingedickten Guß mit einem Eßlöffel ganz dünn von der Mitte aus auf dem Obst verteilen. Er wird erst nach vollständigem Erkalten richtig fest.

Brombeertorte

Zubereitungszeit: ca. ¾ Stunden
Kühlzeit: ca. ½ Stunde
Backzeit: ca. 25 Minuten

Sie benötigen für ca. 16 Stücke:

Für den Mürbeteig:
100 g Butter
3 EL Honig
2 Eier
¼ TL gemahlene Vanille
200 g Weizen
1½ TL Weinsteinbackpulver
eventuell etwas Milch
Butter für die Form

Für den Belag:
½ l Milch
1 Päckchen Vanillepudding
(ohne Farbstoffe, mit echter Vanille)
2 EL Honig
750 g Brombeeren

Für den Guß:
¼ l Brombeersaft
1 EL Honig
1 TL Agar-Agar
eventuell etwas Schlagsahne

So wird's gemacht:

1. Die Butter mit dem Honig und den Eiern schaumig rühren und mit der Vanille würzen.

2. Den Weizen fein mahlen, zusammen mit dem Backpulver dazugeben und alle Zutaten mit dem Handrührgerät schnell zu einem weichen Mürbeteig verkneten. Den Teig eventuell mit etwas Milch geschmeidiger machen.

3. Eine Tortenform mit Rand (32 cm ∅) ausfetten, den Teig hineinlegen und mit einem nassen Löffel glattstreichen. Mit einer Gabel mehrmals einstechen. Anschließend die Form für etwa ½ Stunde in den Kühlschrank stellen.

4. Danach die Form auf der mittleren Einschubleiste in den kalten Backofen schieben und den Boden bei 200° C etwa 25 Minuten backen. Dann kurz abkühlen lassen und auf ein Kuchengitter stürzen.

5. Für den Belag von der Milch etwa ⅛ Liter abnehmen und das Puddingpulver und den Honig darin glattrühren.

6. Die restliche Milch in einem Topf erhitzen. Kurz vor dem Kochen den Topf vom Herd nehmen, das angerührte Puddingpulver hineinrühren und alles unter Rühren noch einmal aufkochen lassen.

7. Den Pudding sofort gleichmäßig auf dem abgekühlten Tortenboden verteilen.

8. Die Brombeeren verlesen, dann waschen und gut abtropfen lassen. Sie dicht nebeneinander in die Puddingmasse drücken, den Rest als kleinen Hügel in der Mitte aufschichten.

9. Für den Guß den Brombeersaft mit dem Honig und dem Agar-Agar verrühren, in einem Topf unter Rühren zum Kochen bringen und etwa 2 Minuten kochen lassen.

10. Den Guß zunächst im Topf etwas abkühlen lassen, bis er leicht eindickt, und ihn von der Mitte aus eßlöffelweise über die Brombeeren verteilen. Er wird erst nach dem Erkalten vollständig fest.

11. Die Torte nach Belieben mit einigen Sahnetupfen hübsch garnieren.

Mürbeteigtörtchen

Zubereitungszeit: ca. 25 Minuten
Kühlzeit: ca. ½ Stunde
Backzeit: ca. 25 Minuten

Sie benötigen für ca. 12 Stück:

Für den Mürbeteig:
125 g Butter
2 EL Honig
1 Ei
¼ TL gemahlene Vanille
200 g Dinkel
50 g Mandeln
1 TL Weinsteinbackpulver
Butter für die Formen

Für die Füllung:
1 kg Beeren oder Obst der jeweiligen Jahreszeit (z. B. Stachelbeeren, Johannisbeeren, Erdbeeren)
1 Rezept klarer Tortenguß (siehe Rezept »Bunte Obsttorte«, Seite 61)
etwas Schlagsahne zum Garnieren

So wird's gemacht:
1. Die Butter mit dem Honig und dem Ei schaumig rühren und mit der Vanille würzen.
2. Den Dinkel und die Mandeln fein mahlen und zusammen mit dem Backpulver dazugeben.
3. Alle Zutaten mit den Knethaken des Handrührgerätes zu einem weichen Teig verkneten.
4. Zehn bis zwölf Tortelettförmchen (10 cm ⌀) ausfetten und jeweils einen gehäuften Eßlöffel des Teiges hineingeben. Den Teig mit einem nassen Löffel glattstreichen und mit einer Gabel mehrmals einstechen. Die Förmchen für etwa ½ Stunde in den Kühlschrank stellen.
5. Anschließend die Förmchen auf der mittleren Einschubleiste in den kalten Backofen schieben und die Böden bei 200°C 20 bis 25 Minuten backen.
6. Danach die Böden kurz abkühlen lassen, die Ränder mit einem spitzen Messer lösen und auf ein Kuchengitter stürzen. Dann vollständig auskühlen lassen.
7. Die Beeren oder das Obst verlesen, putzen und waschen. Die Böden damit belegen und die Törtchen mit dem Guß überziehen. Wenn der Guß erkaltet ist, die Törtchen mit Sahnetupfen garnieren.

Variation
Sie können die Beeren aber auch unter 300 Gramm geschlagene Sahne heben und die Törtchen dann damit füllen.

Zwetschgenstreuselkuchen

Zubereitungszeit: ca. ½ Stunde
Zeit zum Gehen: ca. 50 Minuten
Backzeit: ca. 40 Minuten

Sie benötigen für ca. 16 Stücke:

Für den Hefeteig:
| 200 g Dinkel |
| 1 Ei |
| 80 g Honig |
| 60 g Butter |
| abgeriebene Schale von |
| ½ unbehandelten Zitrone |
| ½ Würfel Hefe (20 g) |
| 5 EL lauwarme Milch |
| Butter für die Form |

Für den Belag:
| 600–750 g Zwetschgen |
| 2 EL gehobelte Mandeln |

Für die Streusel:
| 100 g Weizen |
| 60 g Butter |
| 1–2 EL Honig |
| 1 TL gemahlenen Zimt |

So wird's gemacht:
1. Den Dinkel fein mahlen. Das Ei, den Honig, die Butter und die abgeriebene Zitronenschale hinzufügen.
2. Die Hefe zerbröseln, in der lauwarmen Milch auflösen und dazugeben.
3. Alle Zutaten zu einem glatten, weichen Teig verkneten, der nicht mehr kleben sollte.
4. Den Teig zu einer Kugel formen und zugedeckt an einem warmen Ort etwa eine ¾ Stunde gehen lassen.
5. In der Zwischenzeit die Zwetschgen waschen, halbieren und entsteinen.
6. Eine Spring- oder eine Pieform (26 cm ⌀) ausfetten, den Teig noch einmal gut durchkneten und die Form damit auslegen.
7. Den Teig dicht mit den halbierten Zwetschgen belegen und diese anschließend mit den gehobelten Mandeln überstreuen.
8. Für die Streusel den Weizen fein mahlen und mit der Butter, dem Honig und dem Zimt verkneten. Diesen Teig mit den Fingern zu Streusel zerbröseln und sie auf dem Kuchen verteilen.
9. Den Backofen auf 50°C vorheizen, wieder ausschalten und die Form auf der untersten Einschubleiste hineinstellen. Den Teig noch einmal 5 Minuten gehen lassen.
10. Anschließend den Kuchen bei 200°C 35 bis 40 Minuten backen.
11. Den Zwetschgenkuchen etwas abkühlen lassen, aus der Form lösen und am besten frisch servieren.

Apfeltarte

Zubereitungszeit: ca. ½ Stunde
Ruhezeit: ca. ½ Stunde
Backzeit: ca. 40 Minuten

Sie benötigen für ca. 16 Stücke:

Für den Quark-Öl-Teig:
200 g Weizen
2 TL Weinsteinbackpulver
100 g Quark
2 EL Honig
1 Prise Salz
5 EL Milch oder 1 Ei
3 EL Sonnenblumenöl
Butter für die Form

Für den Belag:
etwa 4 Äpfel
3–4 EL Zitronensaft
½ TL gemahlenen Zimt

Für die Glasur:
6 getrocknete Aprikosen

So wird's gemacht:
1. Für die Glasur die Aprikosen kleinschneiden und mit Wasser bedeckt quellen lassen.
2. Für den Teig den Weizen fein mahlen und mit dem Backpulver mischen. Zusammen mit dem Quark, dem Honig, dem Salz, der Milch oder dem Ei und dem Öl in eine Schüssel geben und mit dem Handrührgerät zu einem glatten, weichen Teig verkneten.
3. Eine Spring- oder eine Pieform (26 cm ∅) ausfetten, den Teig hineinlegen und mit einem nassen Löffel glattstreichen. Anschließend die Form für etwa ½ Stunde in den Kühlschrank stellen.
4. Die Äpfel schälen, von den Kerngehäusen befreien und vierteln. Jedes Viertel quer in 2 Millimeter breite Scheiben schneiden und diese fächerartig übereinander in Strahlen auf den Tortenboden legen. Die Äpfel sofort mit dem Zitronensaft beträufeln und mit dem Zimt bestreuen.
5. Die Form auf der mittleren Einschubleiste in den kalten Backofen schieben und die Tarte bei 200° C 35 bis 40 Minuten backen.
6. Die Aprikosen mit dem Einweichwasser im Mixer pürieren. Sollte die Masse sehr fest werden, rühren Sie noch etwas Wasser darunter.
7. Den heißen Kuchen aus dem Backofen nehmen und sofort mit der Aprikosenglasur bestreichen. Dann auskühlen lassen.

Variation
Backen Sie die Apfeltarte einmal mit einem Rahmguß. Dazu den Teig zunächst nur mit den Äpfeln belegen. Bereiten Sie dann den Rahmguß wie im Rezept »Aprikosentorte mit Johannisbeeren«, Seite 74 zu, und gießen Sie ihn über die Äpfel.
Die Backzeit beträgt dann 45 bis 50 Minuten.

Pflaumenkuchen

Zubereitungszeit: ca. ½ Stunde
Backzeit: ca. 50 Minuten

Sie benötigen für ca. 16 Stücke:

Für den Rührteig:
100 g Butter
120 g Honig
¼ TL gemahlene Vanille
2 Eier
150 g Dinkel oder Weizen
2 TL Weinsteinbackpulver
Butter für die Form
2–5 EL Milch

Für den Belag:
500 g Pflaumen
50 g Haselnüsse oder Mandeln

So wird's gemacht:
1. Die Butter mit dem Honig und der Vanille verrühren. Dann nacheinander die Eier dazugeben und alles schaumig schlagen.
2. Den Dinkel oder den Weizen fein mahlen und mit dem Backpulver mischen.
3. Eine Spring- oder eine Pieform (26 cm ⌀) ausfetten und in den Kühlschrank stellen.
4. Das Mehl abwechselnd mit der Milch zu der Eimasse geben und alle Zutaten zu einem weichen Teig verrühren.
5. Den Teig in die Spring- oder Pieform füllen und mit einem nassen Löffel glattstreichen.
6. Die Pflaumen waschen, halbieren und entsteinen. Mit der Wölbung nach oben dicht nebeneinander in den Teig drücken.
7. Die Haselnüsse oder die Mandeln in die Zwischenräume legen. Sie können sie auch fein mahlen und nach der Hälfte der Backzeit über die Pflaumen streuen.
8. Die Form auf der untersten Einschubleiste in den kalten Backofen schieben. Den Kuchen bei 200°C 40 bis 50 Minuten backen.

Rhabarberkuchen

Zubereitungszeit: ca. 35 Minuten
Zeit zum Gehen: ca. 1 Stunde
Backzeit: ca. ¾ Stunden

Sie benötigen für ca. 24 Stücke:

Für den Hefeteig:

1 Ei
80 g Butter
80 g Honig
400 g Weizen oder Dinkel
125 ml lauwarme Milch
½ Würfel Hefe (20 g)
Butter für das Blech

Für den Belag:

500 g Quark oder Schichtkäse
3 EL Honig
1 Ei
eventuell etwas Milch zum Glattrühren
½ TL gemahlene Vanille
1½–2 kg Rhabarber

So wird's gemacht:

1. Das Ei mit der Butter und dem Honig schaumig rühren.
2. Den Weizen oder den Dinkel fein mahlen und dazugeben.
3. Die Hefe zerbröseln, in der lauwarmen Milch auflösen und dazugeben.
4. Alle Zutaten gründlich zu einem glatten, weichen Teig verkneten. Er sollte nicht mehr kleben und sich gut von der Schüssel lösen.
5. Den Teig zu einer Kugel formen und zugedeckt an einem warmen Ort etwa eine ¾ Stunde gehen lassen, bis sich sein Volumen nahezu verdoppelt hat.
6. In der Zwischenzeit für den Belag den Quark oder den Schichtkäse mit dem Honig, dem Ei und eventuell mit etwas Milch glattrühren. Mit der Vanille würzen.
7. Den Rhabarber waschen, putzen, schälen und in etwa 2 Zentimeter große Stücke schneiden.
8. Ein Backblech ausfetten. Den Hefeteig noch einmal gut durchkneten und auf dem Blech ausrollen.
9. Die Quarkmasse gleichmäßig darauf verteilen und den Kuchen dicht mit den Rhabarberstückchen belegen. Dann noch einmal etwa ¼ Stunde gehen lassen.
10. Anschließend das Blech auf der mittleren Einschubleiste in den kalten Backofen schieben und den Kuchen bei 200°C 35 bis 45 Minuten backen.

Traubentorte

Zubereitungszeit: ca. 35 Minuten
Ruhezeit: ca. ½ Stunde
Backzeit: ca. 40 Minuten

Sie benötigen für ca. 16 Stücke:

Für den Quark-Öl-Teig:

200 g Weizen
2 TL Weinsteinbackpulver
100 g Quark
2½ EL Honig
1 Prise Salz
5 EL Milch oder Sahne
3 EL Sonnenblumenöl
Butter für die Form

Für den Belag:

30 g Weizen
200 g Crème fraîche
2 EL Honig
2 Eigelb
300 g grüne Trauben
300 g blaue Trauben
2–4 EL gehobelte Mandeln

So wird's gemacht:

1. Den Weizen fein mahlen und mit dem Backpulver mischen.
2. Das Mehl zusammen mit dem Quark, dem Honig, dem Salz, der Milch oder der Sahne und dem Öl mit dem Handrührgerät zu einem weichen Teig verkneten.
3. Eine Spring- oder eine Pieform (26 cm Ø) ausfetten. Den Teig hineinlegen, mit einem nassen Löffel glattstreichen, und für mindestens ½ Stunde kühl stellen.
4. In der Zwischenzeit für den Belag den Weizen fein mahlen und mit der Crème fraîche und den Eigelben verrühren. Die Weintrauben waschen, halbieren und entkernen.
5. Die Crème-fraîche-Masse gleichmäßig auf dem Tortenboden verteilen.
6. Die Form auf der mittleren Einschubleiste in den kalten Backofen schieben und die Torte bei 200° C etwa 20 Minuten vorbacken.
7. Nun die Torte aus dem Ofen nehmen und die Traubenhälften leicht übereinander in abwechselnd grünen und blauen Kreisen daraufflegen. Die gehobelten Mandeln darüberstreuen.
8. Die Torte wieder auf der mittleren Einschubleiste in den Backofen schieben und in etwa 20 Minuten fertigbacken. Dann die Torte gut auskühlen lassen.

Rhabarber-Schmand-Kuchen

Zubereitungszeit: ca. ½ Stunde
Ruhezeit: ca ½ Stunde
Backzeit: ca. 40 Minuten

Sie benötigen für ca. 16 Stücke:

Für den Quark-Öl-Teig:

200 g Weizen
2 TL Weinsteinbackpulver
100 g Quark
2½ EL Honig
1 Prise Salz
5 EL Milch oder 1 Ei
3 EL Sonnenblumenöl
Butter für die Form

Für den Belag:

500 g Rhabarber
2 EL Sucanat (Ursüße)
1 TL gemahlenen Zimt
¼ TL gemahlenen Ingwer
400 g Schmand

So wird's gemacht:

1. Den Weizen fein mahlen und mit dem Backpulver mischen. Den Quark, den Honig, das Salz, die Milch oder das Ei und das Öl dazugeben und alles mit dem Handrührgerät verkneten.
2. Eine Spring- oder eine Pieform (26 cm Ø) ausfetten. Den Teig hineingeben, mit einem nassen Löffel glattstreichen und für etwa ½ Stunde in den Kühlschrank stellen.
3. Den Rhabarber waschen, putzen, schälen und in etwa 2 Zentimeter große Stücke schneiden. Diese dann auf dem Tortenboden verteilen. Das Sucanat mit dem Zimt und dem Ingwer mischen und darüberstreuen.
4. Die Form auf der mittleren Einschubleiste in den kalten Backofen schieben und den Kuchen bei 200° C 25 bis 30 Minuten backen.
5. Danach den Kuchen herausnehmen und den Schmand über den Rhabarber verteilen. Nun den Kuchen wieder auf der untersten Einschubleiste in den heißen Backofen schieben und noch etwa 10 Minuten weiterbacken.

Variation
Ersetzen Sie den Weizen durch 100 Gramm Dinkel und 100 Gramm Hafer.

Schwäbische Träublestorte

Zubereitungszeit: ca. ½ Stunde
Kühlzeit: ca. ½ Stunde
Backzeit: ca. 1 Stunde

Sie benötigen für ca. 16 Stücke:

Für den Mürbeteig:

200 g Weizen
100 g Butter
1 Ei
2 EL Honig
¼ TL gemahlene Vanille
Butter für die Form

Für den Belag:

500 g rote Johannisbeeren
4 Eiweiß
80 g Sucanat (Ursüße)
100 g Mandeln

So wird's gemacht:

1. Den Weizen fein mahlen und mit der Butter, dem Ei, dem Honig und der Vanille zu einem glatten, weichen Mürbeteig verkneten.
2. Eine Springform (26 cm ⌀) ausfetten. Den Teig hineinlegen, mit einem nassen Löffel glattstreichen und mit einer Gabel mehrmals einstechen.
3. Anschließend die Form für mindestens ½ Stunde kühl stellen.
4. In der Zwischenzeit für den Belag die Johannisbeeren waschen, gut abtropfen lassen und die Beeren von den Rispen streifen.
5. Die Eiweiße sehr steif schlagen und das Sucanat einrieseln lassen. Die Mandeln fein mahlen und daruntermischen.
6. Die Johannisbeeren vorsichtig unter die Eiweißmasse heben, diese auf dem Mürbeteigboden verteilen und glattstreichen.
7. Die Form auf der untersten Einschubleiste in den kalten Backofen schieben und die Torte bei 180°C etwa 1 Stunde backen. Sollte sie braun werden, decken Sie sie in der letzten Viertelstunde mit Alufolie vorsichtig ab.
8. Die Torte vorsichtig aus der Form lösen und auf einem Kuchengitter auskühlen lassen.

Haferflockentorte

Zubereitungszeit: ca. ½ Stunde
Backzeit: ca. 40 Minuten

Sie benötigen für ca. 16 Stücke:

Für den Rührteig:

300 g großblättrige Haferflocken
125 g Butter
3–4 Eigelb, je nach Größe der Eier
2–4 EL Honig
4 EL Wasser
¼ TL gemahlene Vanille
3–4 Eiweiß
Butter für die Form

Für die Füllung:

500 g Obst der Jahreszeit (z. B. Kirschen, Mirabellen, Pflaumen)

So wird's gemacht:

1. Die Haferflocken in einer Pfanne trocken so lange rösten, bis sie anfangen zu duften (sie sind dann noch ganz hell).
2. Die Butter in einem Topf zerlassen und mit den Haferflocken mischen, so daß das Fett vollständig aufgesogen wird.
3. Die Eigelbe mit dem Honig und dem Wasser zu einem hellgelben Schaum schlagen und diesen mit der Vanille würzen.
4. Gut drei Viertel der Haferflockenmasse vorsichtig mit dem Eischaum verrühren. Die Eiweiße steif schlagen und mit einem Rührlöffel mit Loch darunterheben.
5. Eine Springform (26 cm ∅) ausfetten, den Teig hineinfüllen und mit einem nassen Löffel glattstreichen.
6. Das Obst waschen, abtropfen lassen und entkernen. Auf dem Boden verteilen und anschließend die restliche Haferflockenmasse darübergeben.
7. Die Form auf der mittleren Einschubleiste in den kalten Backofen schieben und die Torte bei 200°C etwa 40 Minuten backen.
8. Danach die Torte aus der Form nehmen und auf einem Kuchengitter auskühlen lassen.

Gedeckter Apfelkuchen

Zubereitungszeit: ca. ¾ Stunden
Zeit zum Gehen: ca. 1 Stunde
Backzeit: ca. 35 Minuten

Sie benötigen für ca. 16 Stücke:

Für den Hefeteig:

500 g Weizen oder Dinkel
1 Ei
80 g Honig
1 Msp. gemahlene Vanille
abgeriebene Schale von 1 unbehandelten Zitrone
50 g geschmolzene Butter
¾ Würfel Hefe (30 g)
150 ml lauwarme Milch
Butter für die Form

Für die Füllung:

750 g–1 kg aromatische Äpfel
2–4 EL Zitronensaft
50 g ungeschwefelte Rosinen
100 g Haselnüsse
50 g Sonnenblumenkerne

Zum Bestreichen:

etwas lauwarme Milch
oder 1 Eigelb und 2 EL Wasser

So wird's gemacht:

1. Den Weizen oder den Dinkel fein mahlen und in eine Schüssel geben. Das Ei, den Honig, die Vanille und die abgeriebene Zitronenschale sowie die geschmolzene Butter hinzufügen.
2. Die Hefe zerbröseln, in der lauwarmen Milch auflösen und dazugeben.
3. Alle Zutaten in 5 bis 10 Minuten zu einem weichen Teig verkneten. Er sollte nicht mehr kleben und sich gut von der Schüssel lösen.
4. Den Teig zu einer Kugel formen und zugedeckt an einem warmen Ort etwa 1 Stunde gehen lassen, bis sich sein Volumen nahezu verdoppelt hat.
5. Eine Springform (26 cm Ø) ausfetten. Den Teig noch einmal gut durchkneten und in drei Stücke teilen. Mit einem Drittel den Boden der Springform auslegen. Das zweite Drittel zu einer Rolle formen, diese als Rand auf den Teigboden legen und zu einem glatten Rand hochdrücken.
6. Für die Füllung die Äpfel gut waschen, bei Bedarf schälen und von den Kerngehäusen befreien. Dann grob raspeln und sofort mit dem Zitronensaft beträufeln.
7. Die Rosinen waschen und gut abtropfen lassen. Die Haselnüsse fein mahlen. Beides mit den Sonnenblumenkernen zu den Apfelraspeln geben und die Füllung auf dem Teigboden verteilen.
8. Aus dem letzten Teigdrittel einen Deckel in der Größe der Springform ausrollen, diesen auf die Füllung legen und gut mit dem Teigrand zusammendrücken.
9. Mit einem scharfen Messer ein Rautenmuster in den Teigdeckel einritzen und ihn mit etwas lauwarmer Milch oder dem mit Wasser verquirlten Eigelb bestreichen.
10. Die Form auf der untersten Einschubleiste in den kalten Backofen schieben und den Kuchen bei 220° C 30 bis 35 Minuten backen.
11. Danach den Kuchen aus dem Backofen nehmen, den Rand vorsichtig lösen und den Kuchen auf einem Kuchengitter auskühlen lassen.

Aprikosentorte mit Johannisbeeren

Zubereitungszeit: ca. 40 Minuten
Kühlzeit: ca. ½ Stunde
Backzeit: ca. 40 Minuten

Sie benötigen für ca. 16 Stücke:

Für den Mürbeteig:

200 g Weizen oder Dinkel
50 g Mandeln
125 g Butter
2 EL Honig
1 Ei
¼ TL gemahlene Vanille
Butter für die Form
eventuell Sesam zum Ausstreuen

Für den Belag:

9 Aprikosen
250 g rote Johannisbeeren

Für den Guß:

2 Eier
200 g saure Sahne
2–4 EL Honig

So wird's gemacht:

1. Den Weizen oder den Dinkel und die Mandeln fein mahlen und miteinander mischen.
2. Beides zusammen mit der weichen Butter, dem Honig, dem Ei und der Vanille zu einem glatten, weichen Teig verkneten.
3. Eine Spring- oder eine Pieform (26 cm ∅) ausfetten und eventuell mit dem Sesam ausstreuen. Den Teig hineinfüllen, mit einem nassen Löffel glattstreichen und mit einer Gabel mehrmals einstechen.
4. Anschließend die Form für mindestens ½ Stunde in den Kühlschrank stellen. Den Backofen auf 220°C vorheizen.
5. Die Form auf der mittleren Einschubleiste in den vorgeheizten Backofen schieben und den Boden bei 220°C etwa 10 Minuten vorbacken.
6. In der Zwischenzeit für den Belag die Aprikosen waschen, halbieren und entsteinen. Die Johannisbeeren ebenfalls waschen, gut abtropfen lassen und die Beeren von den Rispen streifen.
7. Für den Guß zunächst die Eier trennen. Die saure Sahne mit den Eigelben und dem Honig verrühren. Die Eiweiße steif schlagen und vorsichtig darunterheben.
8. Den vorgebackenen Tortenboden aus dem Ofen nehmen und den Backofen auf 200°C zurückschalten.
9. Die Aprikosen mit der Wölbung nach oben auf den Tortenboden legen. Dabei im äußeren Kreis zwölf, im inneren sechs Hälften legen.
10. Die Zwischenräume mit den Johannisbeeren ausfüllen. Dann den Guß vorsichtig darüber verteilen.
11. Anschließend die Form auf der untersten(!) Einschubleiste in den Backofen schieben und die Torte in etwa ½ Stunde fertigbacken.
12. Die Torte aus dem Ofen nehmen, kurz abkühlen lassen, den Rand mit einem spitzen Messer lösen und die Form vorsichtig entfernen. Die Torte auf einem Kuchengitter auskühlen lassen.

Gestürzter Rhabarberkuchen

Zubereitungszeit: ca. ½ Stunde
Backzeit: ca. 40 Minuten

Sie benötigen für ca. 16 Stücke:

Für den Belag:

500 g Rhabarber
50–70 g ungeschwefelte Rosinen

Für den Rührteig:

Butter für die Form
1–2 EL Sesamkörner oder gemahlene Haselnüsse zum Ausstreuen
80 g Butter
100 g Honig
2 Eier
200 g Dinkel
1 TL Weinsteinbackpulver
¼ TL gemahlene Vanille

So wird's gemacht:

1. Den Rhabarber waschen, putzen, schälen und dann in kleine Stücke schneiden.
2. Eine Springform (26 cm ⌀) gut ausfetten und mit den Sesamkörnern oder den gemahlenen Haselnüssen ausstreuen.
3. Die Rhabarberstücke dicht an dicht in die Form legen. Die Rosinen waschen, gut abtropfen lassen und über den Rhabarber streuen.
4. Die Butter mit dem Honig verrühren. Dann die Eier dazugeben und alles schaumig schlagen.
5. Den Dinkel fein mahlen und zusammen mit dem Backpulver und der Vanille zu der Eimasse geben. Alles zu einem weichen Teig verrühren.
6. Den Teig auf die Rhabarberstückchen geben und mit einem nassen Löffel glattstreichen.
7. Die Form auf der mittleren Einschubleiste in den kalten Backofen schieben und den Kuchen bei 200° C etwa 40 Minuten backen.
8. Danach den Kuchen kurz abkühlen lassen und dann auf eine Tortenplatte stürzen.

Apfelstrudel

Zubereitungszeit: ca. 35 Minuten
Backzeit: ca. 35 Minuten

Sie benötigen für ca. 10 Stücke:

Für den Strudelteig:
250 g Hartweizen
oder 300 g Weizen oder Dinkel
(davon 50 g Kleie aussieben)
1 Prise Salz
1 Ei
2 EL Öl
1 TL Essig
⅛ l lauwarmes Wasser
Butter für die Form
Mehl zum Ausrollen

Für die Füllung:
400 g Äpfel
2 EL Zitronensaft
50 g ungeschwefelte Rosinen
50 g Haselnüsse
1 TL gemahlenen Zimt
50 g Sonnenblumenkerne

Zum Bestreichen:
etwas lauwarme Milch
oder zerlassene Butter
oder 1 Eigelb und 2 EL Wasser

So wird's gemacht:
1. Das Getreide fein mahlen und bei der Verwendung von Weizen oder Dinkel etwa 50 Gramm Kleie aussieben.
2. Das Salz, das Ei, das Öl, den Essig und das Wasser dazugeben und alles so lange zu einem weichen Teig verkneten, bis dieser geschmeidig ist und nicht mehr klebt.
3. Den Teig zu einer Kugel formen, mit etwas Öl bestreichen und mit einem Tuch zugedeckt etwa 1 Stunde ruhen lassen.
4. Für die Füllung die Äpfel eventuell schälen, von den Kerngehäusen befreien, grob raspeln und sofort mit dem Zitronensaft beträufeln.
5. Anschließend die Rosinen waschen und gut abtropfen lassen. Die Haselnüsse grob hacken. Mit dem Zimt, den Sonnenblumenkernen, den Apfelraspeln und den Haselnüssen mischen. Den Backofen auf 200° C vorheizen.
6. Den Strudelteig auf einem bemehlten Tuch ganz dünn zu einem Rechteck ausrollen, eventuell die Kleie darüberstreuen und die Füllung darauf verteilen. Dabei an den Seiten jeweils einen mindestens 5 Zentimeter breiten Rand frei lassen.
7. Nun den Teig mit Hilfe des angehobenen Tuches zu einem Strudel zusammenrollen und die Teigränder vorsichtig zusammendrücken.
8. Eine große Auflaufform ausfetten und den Strudel mit der Nahtstelle nach unten vorsichtig hineingleiten lassen.
9. Den Strudel eventuell mit etwas Milch oder zerlassener Butter oder auch mit einem mit Wasser verquirlten Eigelb bestreichen.
10. Die Form auf der mittleren Einschubleiste in den Backofen schieben und den Strudel bei 200° C in 30 bis 35 Minuten knusprig braun backen. In der Form servieren.

Tip
Den Apfelstrudel können Sie sowohl warm mit Vanillesauce oder Eis als auch kalt mit Schlagsahne servieren.

Rhabarbertorte mit Sahneguß

Zubereitungszeit: ca. ½ Stunde
Kühlzeit: ca. ½ Stunde
Backzeit: ca. 50 Minuten

Sie benötigen für ca. 16 Stücke:

Für den Mürbeteig:
| 200 g Weizen |
| 100 g Butter |
| 2 EL Honig |
| ¼ TL gemahlene Vanille |
| 1 Ei |
| Butter für die Form |

Für den Belag:
| 75 g Haselnüsse |
| 600 g Rhabarber |

Für den Guß:
| 75 g Haselnüsse |
| 2 Eigelb |
| 2 EL Honig |
| 200 g saure Sahne |
| 2 Eiweiß |

So wird's gemacht:

1. Den Weizen fein mahlen und zusammen mit der Butter, dem Honig, der Vanille und dem Ei zu einem glatten, weichen Mürbeteig verkneten.
2. Eine Springform (26 cm ∅) ausfetten, den Teig hineinlegen und mit einem nassen Löffel glattstreichen. Dabei einen etwa 1 Zentimeter hohen Rand formen.
3. Den Teig mit einer Gabel mehrmals einstechen und die Form für mindestens ½ Stunde in den Kühlschrank stellen.
4. In der Zwischenzeit für den Belag die Nüsse fein mahlen. Den Rhabarber waschen, putzen, schälen und in etwa 1 Zentimeter dicke Stücke schneiden.
5. Die gemahlenen Haselnüsse auf den Mürbeteigboden streuen und die Rhabarberstücke kreisförmig dicht darauf verteilen.
6. Die Form auf der untersten Einschubleiste in den kalten Backofen schieben und den Kuchen bei 200° C etwa 25 Minuten backen.
7. In der Zwischenzeit für den Guß die Haselnüsse fein mahlen. Die Eigelbe mit dem Honig schaumig schlagen und mit der sauren Sahne und den Haselnüssen verrühren.
8. Die Eiweiße steif schlagen und vorsichtig darunterheben.
9. Die Torte aus dem Backofen nehmen und mit dem Guß gleichmäßig bestreichen.
10. Dann wieder auf der untersten Einschubleiste in den heißen Backofen schieben und die Torte bei 200° C in 20 bis 25 Minuten fertigbacken.
11. Die Torte kurz abkühlen lassen und vorsichtig aus der Form lösen.

Großmutters Käsekuchen

Zubereitungszeit: ca. ½ Stunde
Kühlzeit: ca. ½ Stunde
Backzeit: ca. 1 Stunde

Sie benötigen für ca. 16 Stücke:

Für den Mürbeteig:

| 100 g Butter |
| 2 EL Honig |
| ¼ TL gemahlene Vanille |
| 1 Ei |
| 200 g Weizen |
| Butter für die Form |

Für den Belag:

| 500 g Schichtkäse |
| 2 Eigelb |
| ½ TL gemahlene Vanille |
| 100 g Honig |
| 100 g ungeschwefelte Rosinen |
| 2 Eiweiß |

So wird's gemacht:

1. Die Butter mit dem Honig, der Vanille und dem Ei schaumig rühren.
2. Den Weizen fein mahlen und zusammen mit der Buttermasse zu einem glatten, weichen Mürbeteig verkneten.
3. Eine Springform (26 cm ⌀) ausfetten, den Teig hineinlegen und mit einem nassen Löffel glattstreichen. Mit einer Gabel mehrmals einstechen. Anschließend die Form für etwa ½ Stunde zugedeckt in den Kühlschrank stellen und den Teig ruhen lassen.
4. Danach die Form auf der mittleren Einschubleiste in den kalten Backofen schieben und den Boden bei 200° C 15 bis 20 Minuten vorbacken.
5. In der Zwischenzeit für den Belag den Schichtkäse mit den Eigelben, der Vanille und dem Honig gut verrühren. Die Rosinen waschen und gut abtropfen lassen.
6. Die Eiweiße steif schlagen und zusammen mit den Rosinen vorsichtig unter den Schichtkäse heben.
7. Den Kuchenboden aus dem Backofen nehmen, die Käsemasse darauf verteilen und mit einem Löffel glattstreichen.
8. Den Backofen auf 180° C zurückschalten, die Form auf der untersten Einschubleiste hineinschieben und den Käsekuchen in etwa 40 Minuten fertigbacken. Während dieser Zeit den Backofen nicht öffnen, sonst kann der Kuchen zusammenfallen.
9. Den Kuchen abkühlen lassen, dann aus der Form lösen und auf einem Kuchengitter ganz auskühlen lassen.

Obsttorte mit Baiserhaube

Zubereitungszeit: ca. ½ Stunde
Backzeit: ca. 50 Minuten

Sie benötigen für ca. 16 Stücke:

Für den Rührteig:

| 125 g Butter |
| 3 Eigelb |
| ¼ TL gemahlene Vanille |
| 3–5 EL Honig |
| 250 g Weizen oder Dinkel |
| 2 TL Weinsteinbackpulver |
| etwa 100 ml Milch |
| 2 Eiweiß |
| Butter für die Form |

Für die Baiserhaube:

| 1 Eiweiß |
| 1 EL Sucanat (Ursüße) |
| 50 g gemahlene Mandeln oder Kokosraspel |

Für die Füllung:

| 500 g Beeren nach Geschmack (Himbeeren, Johannisbeeren, Stachelbeeren, Heidelbeeren) |
| 1 EL Sucanat (Ursüße) |
| 200 g Sahne |

So wird's gemacht:

1. Die Butter mit der Vanille und dem Honig verrühren, dann die Eigelbe nach und nach dazugeben und alles schaumig schlagen.
2. Den Weizen oder den Dinkel fein mahlen, mit dem Backpulver mischen und dazugeben.
3. Alle Zutaten zu einem mittelfesten Teig verarbeiten. Dabei so lange Milch hinzugeben, bis die gewünschte Konsistenz erreicht ist.
4. Die Eiweiße steif schlagen und vorsichtig unter den Teig heben.
5. Eine Springform (26 cm ⌀) ausfetten, den Teig hineinfüllen und mit einem nassen Löffel glattstreichen.
6. Die Form auf der untersten Einschubleiste in den kalten Backofen schieben und den Boden bei 200° C 30 bis 35 Minuten backen.
7. Für die Baiserhaube das Eiweiß steif schlagen und das Sucanat sowie die gemahlenen Mandeln oder die Kokosraspel darunterheben.
8. Den Tortenboden aus dem Backofen nehmen und mit der Eischneemasse bestreichen. Den Backofen auf 180° C zurückschalten und den Boden etwa ¼ Stunde weiterbacken.
9. Danach den Tortenboden wieder aus dem Backofen nehmen, den Rand vorsichtig lösen und den Boden auf einem Kuchengitter auskühlen lassen.
10. Vor dem Servieren den Boden ringsherum mit einem Messer leicht einschneiden und mit Hilfe eines Zwirnsfadens durchschneiden. Den Deckel vorsichtig abheben.
11. Für die Füllung die Beeren verlesen, waschen und gut abtropfen lassen. Dann mit dem Sucanat mischen. Die Sahne steif schlagen und darunterziehen.
12. Die Füllung gleichmäßig auf dem unteren Boden verteilen und glattstreichen. Den Deckel vorsichtig daraufsetzen und die Torte gleich servieren.

Käse-Sahne-Torte mit Kokosraspeln

Zubereitungszeit: ca. 40 Minuten
Zeit zum Gehen: ca. ¾ Stunden
Backzeit: ca. 1 Stunde

Sie benötigen für ca. 16 Stücke:

Für den Hefeteig:
200 g Weizen oder Dinkel
1 Ei
4 EL Butter
1 EL Honig
½ Würfel Hefe (20 g)
5 EL lauwarmes Wasser
Butter für die Form

Für den Belag:
500 g Schichtkäse
3 Eigelb
150 g Honig
¼ TL gemahlene Vanille
abgeriebene Schale von
1 unbehandelten Zitrone
Saft von 1–2 Zitronen
150 g Kokosraspel
3 Eiweiß
200 g Sahne
50 g Kokosraspel zum Bestreuen

So wird's gemacht:

1. Den Weizen oder den Dinkel fein mahlen, in eine Schüssel geben und das Ei, die Butter und den Honig hinzufügen.
2. Die Hefe zerbröseln, in dem lauwarmen Wasser auflösen und dazugießen.
3. Alle Zutaten zu einem weichen Teig verkneten, der sich gut von der Schüssel löst und nicht mehr klebt.
4. Den Teig zu einer Kugel formen und zugedeckt an einem warmen Ort etwa ½ bis eine ¾ Stunde gehen lassen, bis sich sein Volumen nahezu verdoppelt hat.
5. Eine Springform (26 cm Ø) ausfetten. Den Teig noch einmal gut durchkneten und die Form damit auslegen. Dabei gleichzeitig einen 2 Zentimeter hohen Rand formen.
6. Für den Belag den Schichtkäse mit den Eigelben, dem Honig, der Vanille, der abgeriebenen Zitronenschale, dem Zitronensaft und den Kokosraspeln gut verrühren.
7. Die Eiweiße und die Sahne getrennt steif schlagen. Anschließend zunächst die Sahne und dann den Eischnee vorsichtig unter die Käsemasse heben.
8. Die Käsemasse auf den Teig geben und mit einem nassen Löffel glattstreichen.
9. Die Form auf der untersten Einschubleiste in den kalten Backofen schieben und die Torte bei 200° C etwa 50 Minuten backen. Während dieser Zeit den Backofen nicht öffnen, sonst kann die Torte zusammenfallen.
10. Die Torte im ausgeschalteten, geöffneten Backofen abkühlen lassen, dann vorsichtig den Springformrand lösen und die Torte mit den Kokosraspeln bestreuen.

Quittentorte

Zubereitungszeit: ca. 1 Stunde
Kühlzeit: ca. ½ Stunde
Backzeit: ca. ¾ Stunden

Sie benötigen für ca. 16 Stücke:

Für den Mürbeteig:

125 g Butter
100 g Honig
1 Ei
¼ TL gemahlene Vanille
200 g Weizen
50 g Mandeln
Butter für die Form

Für die Füllung:

500–750 g Quitten
50–100 g Honig
50 g ungeschwefelte Rosinen
100 g Mandeln
eventuell etwas Schlagsahne zum Garnieren

So wird's gemacht:

1. Die Butter mit dem Honig und dem Ei schaumig schlagen und die Vanille dazugeben.
2. Den Weizen und die Mandeln fein mahlen, beides hinzufügen und alle Zutaten zu einem glatten, weichen Mürbeteig verkneten.
3. Eine Springform (26 cm ⌀) ausfetten. Den Boden und den Rand der Form mit zwei Dritteln des Teiges auskleiden und diesen mit einer Gabel mehrmals einstechen.
4. Das restliche Drittel zu einer Kugel formen und zusammen mit der ausgekleideten Form für mindestens ½ Stunde in den Kühlschrank stellen.
5. In der Zwischenzeit für die Füllung die Quitten mit einem feuchten Tuch abreiben, waschen, von den Kerngehäusen befreien und in Spalten schneiden.
6. Die Quittenspalten in etwas Wasser mit dem Honig etwa ½ Stunde weichkochen. Anschließend abkühlen lassen.
7. In der Zwischenzeit die Rosinen waschen und gut abtropfen lassen. Die Mandeln fein hacken. Beides mit den Quittenspalten mischen und die Füllung auf dem Tortenboden verteilen.
8. Aus dem restlichen Teig einen Deckel in der Größe der Springform ausrollen, diesen auf die Füllung legen und mit einer Gabel mehrmals einstechen. Sie können den Teigrest auch ausrollen, in Streifen schneiden und diese gitterförmig auf die Füllung legen.
9. Die Form auf der untersten Einschubleiste in den kalten Backofen schieben und die Torte bei 200° C 40 bis 45 Minuten backen.
10. Danach die Torte aus dem Ofen nehmen, vorsichtig aus der Form lösen, auskühlen lassen und eventuell mit etwas Schlagsahne hübsch garnieren.

Birnen-Schoko-Torte

Zubereitungszeit: ca. 50 Minuten
Backzeit: ca. ½ Stunde

Sie benötigen für ca. 16 Stücke:

Für den Biskuitteig:

4 Eigelb
4 EL Wasser
150 g Honig
4 gestr. TL Kakaopulver
¼ TL gemahlenen Zimt
150 g Dinkel
1 TL Weinsteinbackpulver
4 Eiweiß
Butter für die Form

Für den Belag:

6–8 reife, weiche Birnen
1 EL Honig
1 EL Zitronensaft
¼ l Wasser
2 EL Kakaopulver
375 ml Milch
3 TL Honig
40 g Weizen
150 g Sahne
3 EL gehobelte Mandeln

So wird's gemacht:

1. Die Eigelbe mit dem Wasser, dem Honig, dem Kakao und dem Zimt schaumig schlagen. Den Backofen auf 180° C vorheizen.

2. Den Dinkel fein mahlen und mit dem Backpulver mischen. Nun die Eiweiße steif schlagen. Beides vorsichtig mit einem Rührlöffel unter den Eigelbschaum heben.

3. Eine Tortenbodenform mit Rand (32 cm ⌀) ausfetten, den Teig hineinfüllen und mit einem nassen Löffel glattstreichen.

4. Die Form auf der mittleren Einschubleiste in den Backofen schieben und den Boden bei 180° C etwa ½ Stunde backen.

5. Den Boden in der Form etwas abkühlen lassen und anschließend vorsichtig auf ein Kuchengitter stürzen.

6. Für den Belag die Birnen schälen, halbieren und die Kerngehäuse entfernen. Die Birnenhälften in dem mit dem Honig und dem Zitronensaft verrührten Wasser 2 bis 5 Minuten weich dünsten. Mit einem Schaumlöffel herausnehmen und abtropfen lassen.

7. Den Kakao mit etwas Milch glattrühren. Die restliche Milch zum Kochen bringen und den angerührten Kakao sowie den Honig hineinrühren.

8. Den Weizen fein mahlen, unter ständigem Rühren in die Milch einstreuen und alles etwa 2 Minuten kochen lassen. Die Masse gleichmäßig auf dem Tortenboden verteilen.

9. Die Birnenhälften sofort auf dem noch warmen Schokobelag verteilen und alles abkühlen lassen.

10. Vor dem Servieren die Sahne steif schlagen und die Torte gleichmäßig damit bestreichen. Zum Schluß mit den gehobelten Mandeln bestreuen.

Tiramisutorte

Zubereitungszeit: ca. ½ Stunde
Backzeit: ca. 40 Minuten
Kühlzeit: ca. 2 Stunden

Sie benötigen für ca. 16 Stücke:

Für den Biskuitteig:

4 Eigelb
4 EL Wasser
1 Prise Salz
100–150 g Honig
¼ TL gemahlene Vanille
100 g Dinkel
50 g Mandeln
1 TL Weinsteinbackpulver
4 Eiweiß
Butter für die Form
etwa 125 ml Espresso

Für die Füllung:

250 g Mascarpone
150 g saure Sahne
2 Eigelb
70–100 g Honig
eventuell 2 EL Amaretto
2 Eiweiß
2 EL Kakaopulver

So wird's gemacht:

1. Die Eigelbe mit dem Wasser, dem Salz, dem Honig und der Vanille schaumig schlagen. Den Backofen auf 180° C vorheizen.
2. Den Dinkel und die Mandeln fein mahlen. Die Eiweiße steif schlagen. Beides zusammen mit dem Backpulver mit einem Rührlöffel vorsichtig unter die Eigelbmasse heben.
3. Den Boden einer Springform (26 cm ∅) ausfetten, den Teig hineinfüllen und mit einem nassen Löffel glattstreichen.
4. Die Form auf der mittleren Einschubleiste in den Backofen schieben und den Biskuitboden bei 180° C 35 bis 40 Minuten backen.
5. Dann den Boden vorsichtig aus der Form lösen und zum Auskühlen auf ein Kuchengitter stürzen.
6. Vor dem Füllen den Boden ringsherum mit einem Messer leicht einschneiden und mit Hilfe eines Zwirnsfadens durchschneiden. Beide Hälften von innen mit dem Espresso beträufeln, bis sie vollgesogen, aber keinesfalls schwammig sind.
7. Für die Füllung den Mascarpone mit der sauren Sahne und den Eigelben cremig rühren und mit dem Honig süßen. Eventuell den Amaretto darunterrühren.
8. Die Eiweiße steif schlagen und unter die Masse heben. Die Füllung gleichmäßig auf dem unteren Tortenboden verstreichen und den Deckel daraufsetzen.
9. Die Torte für mindestens 2 Stunden zugedeckt in den Kühlschrank stellen. Dadurch wird die Füllung fest und läuft nicht mehr.
10. Vor dem Servieren die Torte mit dem Kakao bestäuben.

Pfirsich-Quark-Torte

Zubereitungszeit: ca. ¾ Stunden
Kühlzeit: ca. 2½ Stunden
Backzeit: ca. 25 Minuten

Sie benötigen für ca. 16 Stücke:

Für den Rührteig:

125 g Butter
3 EL Honig
3 Eier
225 g Weizen
2 TL Weinsteinbackpulver
eventuell etwas Milch
Butter für die Form

Für den Belag:

200 g Himbeeren
500 g Quark oder Schichtkäse
75 g Kokosraspel
2 EL Honig
1 TL Agar-Agar
100 ml Wasser
150 g Sahne
4–6 Pfirsiche

So wird's gemacht:

1. Die Butter mit dem Honig verrühren. Dann die Eier nach und nach dazugeben und alles schaumig schlagen.
2. Den Weizen fein mahlen und zusammen mit dem Backpulver hinzufügen.
3. Alle Zutaten zu einem glatten, weichen Teig verrühren, dabei eventuell etwas Milch hinzugeben, damit der Teig geschmeidiger wird.
4. Eine Tortenbodenform mit Rand (32 cm ∅) ausfetten, den Teig hineinfüllen und mit einem nassen Löffel glattstreichen.
5. Die Form für mindestens ½ Stunde in den Kühlschrank stellen.
6. Anschließend die Form auf der mittleren Einschubleiste in den kalten Backofen schieben und den Boden bei 200° C etwa 25 Minuten backen.
7. Danach den Boden aus dem Ofen nehmen, kurz abkühlen lassen und auf ein Kuchengitter stürzen.
8. Für den Belag die Himbeeren verlesen, vorsichtig waschen und anschließend pürieren. Den Quark oder den Schichtkäse gut abtropfen lassen.
9. Das Himbeerpüree zusammen mit den Kokosraspeln und dem Honig unter den Quark oder den Schichtkäse rühren.
10. Den Agar-Agar mit dem Wasser verrühren und einmal aufkochen lassen. Etwas abkühlen lassen und dann gleichmäßig unter die Quarkmasse rühren.
11. Anschließend die Sahne steif schlagen und unter die Quarkmasse heben. Diese Masse dann gleichmäßig auf dem abgekühlten Tortenboden verteilen und glattstreichen.
12. Die Pfirsiche waschen und nach Belieben enthäuten. Die Früchte halbieren, entsteinen und eventuell in Spalten schneiden. Dann vorsichtig in die Quarkmasse drücken.
13. Die Torte für 2 Stunden zugedeckt in den Kühlschrank stellen und gut gekühlt servieren.

Pizzas, Tartes und Quiches

Früher backten die Menschen auf heißen Steinen knusprig dünne Getreidefladen, die nur mit gehackten Kräutern und etwas Öl verfeinert wurden. Inzwischen werden sie sehr abwechslungsreich mit allem belegt, was die Küche zu bieten hat. Dem Einfallsreichtum sind dabei keinerlei Grenzen gesetzt.

Bunte Pizza

Zubereitungszeit: ca. ½ Stunde
Zeit zum Gehen: ca. ¾ Stunden
Backzeit: ca. 35 Minuten

Sie benötigen für ca. 8 Stücke:

Für den Hefeteig:
300 g Weizen
100 g Roggen
½ TL gemahlenen Koriander
1 gestr. TL Salz
½ Würfel Hefe (20 g)
100–150 ml lauwarmes Wasser
1 Ei
2 EL Öl
Butter für das Blech

Für den Belag:
500 g Tomaten
1 Zwiebel
2 mittelgroße Zucchini
2 grüne Paprikaschoten
1 gelbe Paprikaschote
schwarze Oliven nach Geschmack
gerebeltes Basilikum
gerebelten Thymian
gerebelten Majoran
1 Knoblauchzehe
Kräutersalz
frischgemahlenen schwarzen Pfeffer
3 EL Olivenöl
100–150 g geriebenen milden Käse

So wird's gemacht:

1. Für den Teig den Weizen und den Roggen fein mahlen und mit dem Koriander und dem Salz mischen.
2. Die Hefe zerbröseln, in dem lauwarmen Wasser auflösen und zu dem Mehl geben.
3. Das Ei und das Öl hinzufügen und alle Zutaten in 5 bis 10 Minuten zu einem glatten, weichen Teig verkneten. Er sollte nicht mehr kleben und sich gut von der Schüssel lösen.
4. Den Teig zu einer Kugel formen und zugedeckt an einem warmen Ort etwa eine ¾ Stunde gehen lassen, bis sich sein Volumen nahezu verdoppelt hat.
5. In der Zwischenzeit die Tomaten waschen, eventuell enthäuten, von den grünen Stielansätzen befreien und in dünne Scheiben schneiden. Die Zwiebel schälen und in feine Würfel schneiden. Die Zucchini eventuell schälen, waschen und in Scheiben schneiden.
6. Die Paprikaschoten putzen, waschen und vierteln. Kerne und Häute entfernen und das Fruchtfleisch in Streifen schneiden. Die Oliven halbieren, entsteinen und in kleine Würfel schneiden.
7. Ein Backblech ausfetten. Den Hefeteig noch einmal kurz durchkneten, auf dem Blech ausrollen und das Gemüse bunt darauf verteilen.
8. Die Pizza mit den Kräutern bestreuen. Die Knoblauchzehe schälen, zerdrücken und auf der Pizza verteilen. Den Gemüsebelag mit Kräutersalz und Pfeffer würzen und das Öl gleichmäßig darüberträufeln.
9. Zum Schluß den geriebenen Käse auf dem Belag verteilen.
10. Das Blech auf der untersten Einschubleiste in den kalten Backofen schieben und die Pizza bei 220°C 30 bis 35 Minuten backen.

Champignonpizza

Zubereitungszeit: ca. 35 Minuten
Zeit zum Gehen: ca. 1¼ Stunden
Backzeit: ca. ½ Stunde

Sie benötigen für ca. 8 Stücke:

Für den Hefeteig:
400 g Weizen
½ TL Salz
3 EL Sonnenblumenöl
½ Würfel Hefe (20 g)
150 ml lauwarmes Wasser
Butter für das Blech

Für den Belag:
1 große Zwiebel
1 Knoblauchzehe
200 g Hartkäse (z. B. Allgäuer Emmentaler)
500–750 g Champignons
Kräutersalz
2 TL gerebeltes Basilikum
3 TL gerebelten Oregano
1–2 TL Currypulver
2 EL Sonnenblumenöl

So wird's gemacht:
1. Für den Teig den Weizen fein mahlen, mit dem Salz mischen und das Öl hinzufügen.
2. Die Hefe zerbröseln, in dem lauwarmen Wasser auflösen und dazugießen.
3. Alle Zutaten zu einem glatten, weichen Teig verkneten. Er sollte nicht mehr kleben und sich gut von der Schüssel lösen.
4. Den Teig zu einer Kugel formen und zugedeckt an einem warmen Ort eine ¾ bis 1 Stunde gehen lassen, bis sich sein Volumen deutlich vergrößert hat.
5. In der Zwischenzeit für den Belag die Zwiebel und die Knoblauchzehe schälen und beides in feine Würfel schneiden. Anschließend den Käse reiben.
6. Die Champignons kurz unter fließendem Wasser waschen, putzen und je nach Größe halbieren oder in Scheiben schneiden.
7. Ein Backblech ausfetten. Den Hefeteig noch einmal durchkneten, auf dem Blech ausrollen und dann den Teig an einem warmen Ort noch einmal etwa ¼ Stunde gehen lassen.
8. Anschließend den Käse darauf verteilen. Die Zwiebel- und die Knoblauchwürfel darüberstreuen und die Pizza mit den Champignons belegen.
9. Zum Schluß die Kräuter und das Currypulver über die Champignons streuen und das Öl darüberträufeln.
10. Das Blech auf der mittleren Einschubleiste in den kalten Backofen schieben und die Pizza bei 200° C etwa ½ Stunde backen.

Mangoldblechkuchen

Zubereitungszeit: ca. ¾ Stunden
Zeit zum Gehen: ca. 1¼ Stunden
Backzeit: ca. 35 Minuten

Sie benötigen für ca. 8 Stücke:

Für den Hefeteig:
250 g Weizen
50 g Gerste
50 g Hirse
1 TL Salz
50 g Butter, 1 Ei
½ Würfel Hefe (20 g)
100–150 ml lauwarmes Wasser
Butter für das Blech

Für den Belag:
750 g–1 kg Mangold
2 TL Kräutersalz
1 TL Paprikapulver edelsüß
1 große Zwiebel, 500 g Tomaten
1 Bund Petersilie
3 Zweige Basilikum
2 Knoblauchzehen
frischgemahlenen schwarzen Pfeffer
3 EL Sonnenblumenöl

So wird's gemacht:

1. Für den Teig den Weizen, die Gerste und die Hirse fein mahlen und mit dem Salz mischen. Die zimmerwarme Butter und das Ei hinzufügen.

2. Die Hefe zerbröseln, in dem lauwarmen Wasser auflösen und dazugießen.

3. Alle Zutaten gut zu einem glatten, weichen Teig verkneten. Er sollte nicht mehr kleben.

4. Den Teig zu einer Kugel formen und zugedeckt an einem warmen Ort eine ¾ bis 1 Stunde gehen lassen, bis sich sein Volumen nahezu verdoppelt hat.

5. Ein Backblech ausfetten. Den Teig noch einmal gut durchkneten, auf dem Blech ausrollen und nochmals an einem warmen Ort etwa ¼ Stunde gehen lassen. Den Backofen auf 200° C vorheizen.

6. In der Zwischenzeit für den Belag den Mangold waschen, putzen, gründlich trockenschleudern und mitsamt den Stielen in möglichst feine Streifen schneiden. Diese auf dem Teigboden verteilen. (Achtung, der Mangold türmt sich hoch auf, fällt aber genauso wie beim Kochen durch die Backhitze wieder zusammen.) Den Blechkuchen mit dem Kräutersalz und dem Paprikapulver bestreuen.

7. Anschließend das Blech auf der untersten Einschubleiste in den Backofen schieben und den Blechkuchen etwa ¼ Stunde backen.

8. In der Zwischenzeit die Zwiebel schälen und in dünne Ringe schneiden. Die Tomaten waschen, von den grünen Stielansätzen befreien und in Scheiben schneiden. Die Petersilie und das Basilikum gut waschen, trockentupfen und fein wiegen.

9. Die Zwiebelringe und die Tomatenscheiben auf dem Mangold verteilen. Mit den Kräutern bestreuen.
10. Die Knoblauchzehen schälen, zerdrücken und über den Kuchen geben. Mit dem Pfeffer würzen und zum Schluß das Öl gleichmäßig darüberträufeln.
11. Das Blech wieder auf der untersten Einschubleiste in den Backofen schieben und den Mangoldkuchen in etwa 20 Minuten fertigbacken.

Rote-Bete-Tarte

Zubereitungszeit: ca. 55 Minuten
Kühlzeit: ca. ½ Stunde
Backzeit: ca. ¾ Stunden

Sie benötigen für ca. 8 Stücke:

Für den Quark-Öl-Teig:
150 g Weizen
2 TL Weinsteinbackpulver
1 gestr. TL Salz
½ TL frischgemahlenen schwarzen Pfeffer
1 Prise frischgeriebene Muskatnuß
100 g Quark
1 Ei
3 EL Sonnenblumenöl
Butter für die Form

Für den Belag:
500 g rote Beten
1 Zwiebel
2 EL Sonnenblumenöl
etwas Wasser
Kräutersalz
frischgemahlenen schwarzen Pfeffer
1 EL Zitronensaft

Für den Guß:
2 Eier
150 g Joghurt
100 g Crème fraîche
1 Bund Dill
oder 1 Handvoll Kresse
50 g Walnüsse

So wird's gemacht:
1. Für den Teig den Weizen fein mahlen und mit dem Backpulver vermischen.
2. Das Salz, den Pfeffer, den Muskat, den Quark, das Ei und das Öl hinzufügen und alles mit dem Handrührgerät zu einem weichen Teig verkneten.
3. Eine Pie- oder eine Springform (26 cm ⌀) ausfetten. Den Teig hineinlegen, mit einem nassen Löffel glattstreichen und für mindestens ½ Stunde in den Kühlschrank stellen.
4. In der Zwischenzeit für den Belag die roten Beten gründlich unter fließendem Wasser bürsten, nun die Wurzel- und die Stielansätze abschneiden und die roten Beten grob raspeln.
5. Die Zwiebel schälen und fein würfeln. Das Öl in einem Topf erhitzen und die Zwiebelwürfel darin glasig dünsten. Die Rote-Bete-Raspel hinzufügen, kurz mitdünsten, mit etwas Wasser ablöschen und das Ganze etwa 10 Minuten bei milder Hitze garen. Mit Kräutersalz, Pfeffer und dem Zitronensaft abschmecken.
6. Für den Guß die Eier mit dem Joghurt und der Crème fraîche verrühren.
7. Den Dill oder die Kresse waschen, trockentupfen und fein hacken. Die Walnüsse grob hacken. Beides unter die Joghurtmasse heben.
8. Die Rote-Bete-Raspel auf dem Teigboden verteilen und den Guß gleichmäßig darübergießen.
9. Nun die Tarte auf der untersten Einschubleiste in den kalten Backofen schieben und die Tarte bei 200°C etwa eine ¾ Stunde backen.

Rahmzwiebelkuchen

Zubereitungszeit: ca. 40 Minuten
Kühlzeit: ca. ½ Stunde
Backzeit: ca. 55 Minuten

Sie benötigen für ca. 8 Stücke:

Für den Quark-Öl-Teig:

150 g Weizen
2 TL Weinsteinbackpulver
1 gestr. TL Salz
½ TL frischgemahlenen schwarzen Pfeffer
1 Prise frischgeriebene Muskatnuß
100 g Quark
3 EL Sonnenblumenöl
eventuell etwas Wasser
Butter für die Form

Für den Belag:

500–750 g Zwiebeln
4 EL Butter
etwa 6 EL Wasser
1 TL Salz
½ TL gemahlenen Kümmel
200 g saure Sahne
2 Eier
Kümmelkörner zum Bestreuen

So wird's gemacht:

1. Für den Teig den Weizen fein mahlen und mit dem Backpulver, dem Salz, dem Pfeffer und dem Muskat mischen.
2. Den Quark und das Öl hinzufügen und alle Zutaten mit dem Handrührgerät zu einem glatten, weichen Teig verkneten. Sollte dieser zu trocken sein, etwas Wasser dazugeben.
3. Eine Spring- oder eine Pieform (26 cm ∅) ausfetten, den Teig hineinlegen und mit einem nassen Löffel glattstreichen. Die Form für etwa ½ Stunde in den Kühlschrank stellen.
4. In der Zwischenzeit für den Belag die Zwiebeln schälen und in feine Würfel schneiden. Die Butter in einem Topf erhitzen und die Zwiebeln darin glasig dünsten.
5. Mit dem Wasser ablöschen und anschließend bei milder Hitze in etwa ¼ Stunde weich dünsten. Mit dem Salz und dem Kümmel abschmecken und leicht abkühlen lassen.
6. Die saure Sahne mit den Eiern verquirlen und die Masse unter die Zwiebeln ziehen.
7. Den Belag gleichmäßig auf dem Teigboden verteilen und nach Geschmack noch mit einigen Kümmelkörnern bestreuen.
8. Die Form auf der mittleren Einschubleiste in den kalten Backofen schieben und den Zwiebelkuchen bei 200° C 35 bis 40 Minuten backen.

Kürbistarte

Zubereitungszeit: ca. ¾ Stunden
Kühlzeit: ca. ½ Stunde
Backzeit: ca. 35 Minuten

Sie benötigen für ca. 8 Stücke:

Für den Mürbeteig:

140 g Weizen
60 g Grünkern
1 gestr. TL Salz
100 g Butter
50 g geriebenen Käse
1 Ei
Butter für die Form

Für den Belag:

500 g Kürbis
3 EL Butter
2 EL Obstessig
2 EL Honig
1 TL Salz
50 g Mandeln
2 Eigelb
100 g Crème fraîche
2 Eiweiß

So wird's gemacht:

1. Für den Teig den Weizen und den Grünkern fein mahlen. Das Salz hinzufügen und alles zusammen mit der Butter, dem geriebenen Käse und dem Ei zu einem weichen, glatten Mürbeteig verkneten.
2. Eine Spring- oder eine Pieform (26 cm ∅) ausfetten, den Teig hineingeben und mit einem nassen Löffel glattstreichen. Den Teig mit einer Gabel mehrmals einstechen und mindestens ½ Stunde in den Kühlschrank stellen.
3. In der Zwischenzeit für den Belag den Kürbis schälen und von den Kernen befreien. Das Kürbisfleisch in kleine Würfel schneiden.
4. Die Butter in einem Topf erhitzen und das Kürbisfleisch darin etwa 10 Minuten leicht dünsten. Mit dem Essig ablöschen und mit dem Honig und dem Salz würzen.
5. Die Mandeln fein hacken. Die Eigelbe mit der Crème fraîche verrühren und zusammen mit den gehackten Mandeln zu den Kürbiswürfeln geben. Die Eiweiße steif schlagen und darunterziehen.
6. Den Belag gleichmäßig auf dem Mürbeteigboden verteilen und glattstreichen.
7. Anschließend die Form auf der mittleren Einschubleiste in den kalten Backofen schieben und die Kürbistarte bei 200° C 30 bis 35 Minuten goldbraun backen.

Lauchquiche

Zubereitungszeit: ca. 55 Minuten
Kühlzeit: ca. ½ Stunde
Backzeit: ca. ¾ Stunden

Sie benötigen für ca. 8 Stücke:

Für den Mürbeteig:
150 g Weizen
100 g Roggen
100 g Butter, 1 Ei
50 g geriebenen Käse
1 gestr. TL Salz
½ TL gemahlenen Kümmel
½ TL gemahlenen Koriander
Butter für die Form

Für den Belag:
750 g Lauch
2 EL Öl
100 ml Wasser
½ Gemüsebrühwürfel
1 TL Currypulver
½ TL gemahlenen Koriander
frischgemahlenen schwarzen Pfeffer

Für den Guß:
150 g Joghurt oder saure Sahne
2 Eier
100 g geriebenen Käse
3 EL frische, feingehackte gemischte Küchenkräuter
Kräutersalz
frischgemahlenen schwarzen Pfeffer

So wird's gemacht:

1. Für den Teig den Weizen und den Roggen fein mahlen und zusammen mit der Butter, dem Ei und dem geriebenen Käse sowie den Gewürzen zu einem weichen Teig verkneten.

2. Eine Spring- oder eine Pieform (26 cm ⌀) ausfetten, den Teig hineingeben und mit einem nassen Löffel glattstreichen. Dabei einen etwa 1 Zentimeter hohen Rand formen.

3. Den Teig mit einer Gabel mehrmals einstechen und die Form für mindestens ½ Stunde in den Kühlschrank stellen.

4. In der Zwischenzeit für den Belag den Lauch waschen, putzen und in feine Ringe schneiden.

5. Das Öl in einem Topf erhitzen, den Lauch kurz darin andünsten und mit dem Wasser ablöschen. Den Gemüsebrühwürfel hinzufügen und den Lauch in 10 bis 15 Minuten bißfest garen. Dann abtropfen lassen und mit den Gewürzen abschmecken.

6. Für den Guß den Joghurt oder die saure Sahne mit den Eiern und dem geriebenen Käse verrühren. Die feingehackten Kräuter darunterheben und das Ganze mit Kräutersalz und Pfeffer abschmecken.

7. Den Lauch auf dem Teigboden verteilen und den Guß darübergießen.

8. Die Form auf der untersten Einschubleiste in den kalten Backofen schieben und die Quiche bei 200° C 40 bis 45 Minuten backen. Der Guß sollte danach leicht gebräunt sein.

Apfel-Zwiebel-Kuchen

Zubereitungszeit: ca. ¾ Stunden
Zeit zum Gehen: ca. 1 Stunde
Backzeit: ca. 35 Minuten

Sie benötigen für ca. 8 Stücke:

Für den Hefeteig:

250 g Weizen oder Dinkel
1 TL Salz
½ TL gemahlenen Kümmel
½ TL gemahlenen Koriander
1 Ei
2 EL Sonnenblumenöl
100 ml lauwarmes Wasser
½ Würfel Hefe (20 g)
Butter für die Form

Für den Belag:

750 g Zwiebeln
4 EL Sonnenblumenöl
1 TL Currypulver
1 TL gerebelten Thymian
1 TL Kräutersalz
500 g Äpfel

So wird's gemacht:

1. Den Weizen oder den Dinkel fein mahlen und mit den Gewürzen mischen.
2. Das Ei und das Öl zu dem Mehl geben. Die Hefe zerbröseln, in dem lauwarmen Wasser auflösen, dazugießen und alle Zutaten in 5 bis 10 Minuten zu einem glatten, elastischen Teig verkneten.
3. Den Teig zu einer Kugel formen und zugedeckt an einem warmen Ort etwa 1 Stunde gehen lassen, bis sich sein Volumen nahezu verdoppelt hat.
4. In der Zwischenzeit die Zwiebeln schälen und in dünne Ringe schneiden. Das Öl in einem Topf erhitzen und die Zwiebeln darin glasig dünsten. Mit dem Curry, dem Thymian und dem Kräutersalz würzen.
5. Die Äpfel schälen, die Kerngehäuse mit einem Apfelausstecher entfernen und die Äpfel in dünne Scheiben schneiden.
6. Eine Springform (26 cm ø) ausfetten. Den gegangenen Hefeteig noch einmal gut durchkneten und die Form damit auslegen. Anschließend die Hälfte der Zwiebelmasse darauf verteilen.
7. Die Zwiebelmasse mit den Apfelringen belegen und diese mit der restlichen Zwiebelmasse bedecken.
8. Die Form auf der mittleren Einschubleiste in den kalten Backofen schieben und den pikanten Kuchen bei 200° C 30 bis 35 Minuten backen.

Variation

Die 250 Gramm Weizen oder Dinkel können Sie auch durch 100 Gramm Weizen und 150 Gramm Roggen ersetzen.

Kräuterwähe

Zubereitungszeit: ca. 25 Minuten
Kühlzeit: ca. ½ Stunde
Backzeit: ca. 1 Stunde

Sie benötigen für ca. 8 Stücke:

Für den Mürbeteig:

150 g Dinkel
50 g Grünkern
50 g Hirse
100 g Butter
1 gestr. TL Salz
1 TL Essig
etwa 100 ml Wasser
Butter für die Form

Für den Guß:

100–150 g gemischte Küchenkräuter (z. B. Petersilie, Schnittlauch, Dill, Zitronenmelisse, Basilikum, Pimpinelle, Borretsch, etwas Liebstöckel) oder gemischte Wildkräuter z. B. Löwenzahn, Brennessel, Sauerampfer, Beifuß)
300 g Joghurt
100 g geriebenen Emmentaler
2 Eier
Kräutersalz
frischgemahlenen schwarzen Pfeffer
50 g gehobelte Mandeln

So wird's gemacht:

1. Für den Teig den Dinkel, den Grünkern und die Hirse fein mahlen und zusammen mit der Butter, dem Salz, dem Essig und dem Wasser zu einem glatten, weichen Teig verkneten.
2. Eine Pie- oder eine Springform (26 cm Ø) ausfetten, den Teig hineingeben und mit einem nassen Löffel glattstreichen.
3. Den Teig mit einer Gabel mehrmals einstechen und für mindestens ½ Stunde in den Kühlschrank stellen.
4. Inzwischen die Kräuter vorsichtig unter fließendem Wasser waschen, trockentupfen, putzen und fein schneiden oder hacken.
5. Den Joghurt mit dem geriebenen Käse und den Eiern verrühren und mit Kräutersalz und Pfeffer abschmecken. Die Küchenkräuter darunterheben.
6. Die Form mit dem Teig auf der mittleren Einschubleiste in den kalten Backofen schieben und den Boden bei 200°C etwa ½ Stunde vorbacken.
7. Dann den Kräuterguß auf dem Boden verteilen, glattstreichen und die gehobelten Mandeln darüberstreuen.
8. Die Form wieder in den heißen Backofen schieben und die Kräuterwähe bei 200°C in 25 bis 30 Minuten fertigbacken.

Schweizer Käsewähe

Zubereitungszeit: ca. 40 Minuten
Kühlzeit: ca. ½ Stunde
Backzeit: ca. 40 Minuten

Sie benötigen für ca. 8 Stücke:

Für den Mürbeteig:

200 g Weizen
1 TL Salz
1 TL gemahlenen Kümmel
1 TL gemahlenen Koriander
100 g Butter, 1 Ei
eventuell 2–4 EL Wasser
Butter für die Form

Für den Belag:

125 g Emmentaler
125 g Appenzeller
1 Zwiebel
2 Eier
300 g Joghurt oder saure Sahne
1 TL Kräutersalz
frischgemahlenen Pfeffer
frischgeriebene Muskatnuß

So wird's gemacht:

1. Den Weizen fein mahlen und mit den Gewürzen mischen. Das Mehl zusammen mit der Butter, dem Ei und eventuell etwas Wasser zu einem glatten Teig verkneten.
2. Eine Springform (26 cm Ø) ausfetten, den Teig hineinlegen und mit einem nassen Löffel glattstreichen. Den Boden mit einer Gabel mehrmals einstechen und im Kühlschrank etwa ½ Stunde ruhen lassen.
3. In der Zwischenzeit für den Belag den Käse reiben, die Zwiebel schälen und in kleine Würfelchen schneiden.
4. Den Joghurt oder die saure Sahne mit den Eiern verquirlen, den Käse darunterziehen und die Masse mit Kräutersalz, Pfeffer und Muskat abschmecken.
5. Die Masse auf dem Mürbeteigboden verteilen und glattstreichen.
6. Die Form auf der untersten Einschubleiste in den kalten Backofen schieben und die Käsewähe bei 200°C 35 bis 40 Minuten backen.

Variation
Für eine Roquefortwähe bereiten Sie den Teig wie oben angegeben zu und stellen ihn in der Form kühl. Dann verrühren Sie für den Belag 150 Gramm Crème fraîche mit zwei Eiern und 200 Gramm Roquefort, in Würfelchen, zu einer glatten Creme. Würzen Sie die Roquefortcreme mit Kräutersalz, schwarzem Pfeffer und Muskat, und verteilen Sie die dann auf dem Teigboden. Die Roquefortwähe bei 200°C 30 bis 35 Minuten backen.

Gemüsestrudel

Zubereitungszeit: ca. 50 Minuten
Ruhezeit: ca. 1 Stunde
Backzeit: ca. ¾ Stunden

Sie benötigen für ca. 10 Stücke:

Für den Strudelteig:

250 g Hartweizen
1 Prise Salz
1 Ei
2 EL Öl
1 TL Essig
100–125 ml Wasser
Butter für die Form

Für die Füllung:

1 Zwiebel
250 g Buschbohnen
2 EL Öl
Kräutersalz
frischgemahlenen Pfeffer
250 g Tomaten
150 g Champignons
200 g Joghurt oder saure Sahne
2 Eier
Saft von ½ Zitrone

Zum Bestreichen:

etwas flüssige Butter
oder 1 Eigelb

So wird's gemacht:
1. Den Hartweizen fein mahlen und mit dem Salz, dem Ei, dem Öl, dem Essig und dem Wasser zu einem weichen und geschmeidigen Teig verkneten, der nicht mehr kleben sollte.
2. Anschließend den Teig zu einer Kugel formen, mit etwas Öl bestreichen und mit einem Tuch bedeckt bei Zimmertemperatur ungefähr 1 Stunde ruhen lassen.
3. In der Zwischenzeit die Zwiebel schälen und kleinschneiden. Die Bohnen waschen und putzen. Das Öl in einem Topf erhitzen und die Zwiebelwürfel darin glasig dünsten. Die Bohnen hinzufügen, kurz andünsten, mit möglichst wenig Wasser ablöschen und das Ganze bei milder Hitze etwa ¼ Stunde köcheln lassen. Mit Kräutersalz und Pfeffer würzen.
4. Die Tomaten und die Champignons waschen. Die Tomaten in Scheiben schneiden, die Champignons halbieren. Beides unter die abgetropften Bohnen mischen.
5. Den Joghurt oder die saure Sahne mit den Eiern verquirlen, mit dem Zitronensaft, Kräutersalz und Pfeffer abschmecken und unter das Gemüse ziehen.
6. Den Teig auf einem Küchentuch hauchdünn ausrollen und die Gemüsemischung in der Mitte verteilen. Dabei ringsherum einen Rand freilassen. Dann den Strudel mit Hilfe des Küchentuchs zusammenrollen. Die Ränder gut festdrücken.
7. Anschließend eine große Auflaufform ausfetten. Den Strudel mit der Naht nach unten hineinlegen und mit der flüssigen Butter oder mit dem mit etwas Wasser verquirlten Eigelb bestreichen.
8. Die Form auf der mittleren Einschubleiste in den kalten Backofen schieben und den Strudel bei 200° C etwa eine ¾ Stunde backen.

Lauchkrapfen

Zubereitungszeit: ca. 1 Stunde
Zeit zum Gehen: ca. 1 Stunde
Backzeit: ca. ½ Stunde

Sie benötigen für ca. 20 Stück:

Für den Hefeteig:

| 350 g Weizen |
| 150 g Roggen |
| 1 TL gemahlenen Kümmel |
| 1 TL gemahlenen Koriander |
| 1 TL Salz |
| 1 Würfel Hefe (40 g) |
| etwa 200 ml lauwarme Milch |
| 1 Ei |
| 50 g Butter |
| Mehl zum Ausrollen |
| Butter für das Blech |

Für die Füllung:

| 2 Zwiebeln |
| 2–3 Stangen Lauch |
| 50 g Butter |
| 1 TL Kräutersalz |
| 1 TL Currypulver |
| ½ TL gemahlenen Koriander |
| 250 g Quark |
| 2 Eier |
| 125 g geriebenen Emmentaler |
| 30 g Weizen |
| 1 Bund Schnittlauch |
| Meersalz |
| frischgemahlenen schwarzen Pfeffer |
| 1 Prise geriebene Muskatnuß |

Zum Bestreichen:

| 1 Eigelb |
| 1 EL Wasser |

So wird's gemacht:

1. Den Weizen und den Roggen fein mahlen und mit den Gewürzen und dem Salz mischen.
2. Die Hefe zerbröseln, in der lauwarmen Milch auflösen und zusammen mit dem Ei und der Butter dazugeben.
3. Alle Zutaten in 5 bis 10 Minuten zu einem glatten, weichen Teig verkneten. Er sollte nicht mehr kleben und sich gut von der Schüssel lösen.
4. Den Teig zu einer Kugel formen und zugedeckt an einem warmen Ort etwa 1 Stunde gehen lassen, bis sich sein Volumen deutlich vergrößert hat.
5. In der Zwischenzeit für die Füllung die Zwiebeln schälen und würfeln. Den Lauch putzen, waschen und in dünne Streifen schneiden. Dabei möglichst viel Lauchgrün mitverwenden.
6. Die Butter in einem Topf erhitzen und die Zwiebeln und den Lauch darin glasig dünsten. Mit Kräutersalz, Curry und Koriander abschmecken und in 5 bis 10 Minuten weich dünsten. Dann abkühlen lassen.
7. Den Quark mit den Eiern glattrühren und die Zwiebel-Lauch-Mischung sowie den geriebenen Käse darunterheben.
8. Den Weizen fein mahlen, den Schnittlauch waschen, trockentupfen und in kleine Röllchen schneiden. Beides unter die Quarkmasse rühren. Noch einmal mit Salz, Pfeffer und Muskat abschmecken.
9. Den Hefeteig noch einmal kurz durchkneten, auf einem bemehlten Brett dünn ausrollen und etwa 40 Kreise von 7 bis 8 Zentimeter Durchmesser ausstechen.
10. Ein Backblech ausfetten. Die Hälfte der Kreise daraufsetzen und die Füllung gleichmäßig auf ihnen verteilen. Dabei unbedingt ringsherum einen kleinen Rand lassen.
11. Die restlichen 20 Kreise als Deckel verwenden. Dafür jeden Kreis mit einem Wellholz etwas vergrößern, auf die mit der Füllung bestrichenen Kreise legen und die Ränder fest zusammendrücken.
12. Die Krapfen mit dem mit Wasser verquirlten Eigelb bestreichen. Das Blech anschließend auf der mittleren Einschubleiste in den kalten Backofen schieben und die Krapfen bei 200°C 25 bis 30 Minuten backen. Noch warm servieren.

Brötchen und Brote

Selbstgebackene Brote und Brötchen aus frischgemahlenem Getreide haben nicht nur einen hohen gesundheitlichen Wert, sondern schmecken auch durch ihr unverwechselbares Aroma ganz ausgezeichnet. Probieren Sie es selbst – nicht umsonst ist Deutschland eines der Länder mit der größten Brotevielfalt.

Mehrkornbrötchen

Zubereitungszeit: ca. 35 Minuten
Zeit zum Gehen: ca. 1¼ Stunden
Backzeit: ca. ½ Stunde

Sie benötigen für ca. 24 Stück:

Für den Hefeteig:

300 g Weizen
300 g Dinkel
100 g Roggen
100 g Gerste
150 g Hafer
50 g Buchweizen
1 TL Meersalz
1 Würfel Hefe (40 g)
500–600 ml lauwarmes Wasser

Außerdem:

Butter für das Blech

So wird's gemacht:
1. Das Getreide fein mahlen und mit dem Salz mischen. Die Hefe zerbröseln, in dem lauwarmen Wasser auflösen und dazugießen.
2. Alle Zutaten in etwa 10 Minuten zu einem weichen, elastischen Teig verkneten, der sich gut von der Schüssel lösen und nicht mehr kleben sollte.
3. Den Teig zu einer Kugel formen und zugedeckt an einem warmen Ort etwa 1 Stunde gehen lassen, bis sich sein Volumen nahezu verdoppelt hat.
4. Danach den Teig noch einmal kurz durchkneten und zu 20 bis 24 runden oder länglichen Brötchen formen.
5. Ein Backblech ausfetten, die Brötchen daraufsetzen und an einem warmen Ort noch einmal etwa 10 Minuten gehen lassen.
6. Das Blech auf der mittleren Einschubleiste in den kalten Backofen schieben und die Brötchen bei 200° C etwa ½ Stunde backen.

Rosinenbrötchen

Zubereitungszeit: ca. 35 Minuten
Zeit zum Gehen: ca. 1¼ Stunden
Backzeit: ca. 35 Minuten

Sie benötigen für ca. 20 Stück:

Für den Hefeteig:

250 g Weizen
500 g Dinkel
1 TL Salz
¼ TL gemahlene Vanille
50 g Butter
1 Ei
1 Würfel Hefe (40 g)
350–450 ml lauwarme Milch
150 g ungeschwefelte Rosinen
Butter für das Blech

Zum Bestreichen:

etwas lauwarme Milch

So wird's gemacht:
1. Den Weizen und den Dinkel fein mahlen und mit dem Salz und der Vanille mischen.
2. Die weiche, zimmerwarme Butter und das Ei hinzufügen. Die Hefe zerbröseln, in der lauwarmen Milch auflösen und dazugießen.
3. Alle Zutaten in etwa 10 Minuten zu einem weichen Teig verkneten, der nicht mehr kleben und sich gut von der Schüssel lösen sollte.
4. Den Teig zu einer Kugel formen und zugedeckt an einem warmen Ort etwa eine ¾ bis 1 Stunde gehen lassen, bis sich sein Volumen nahezu verdoppelt hat.
5. Danach den Teig noch einmal gut durchkneten. Die Rosinen waschen, gut abtropfen lassen und unter den Teig kneten. Ein Backblech ausfetten.
6. Den Teig in etwa 20 Stücke teilen, jedes zu einem runden Brötchen formen und auf das Backblech setzen.
7. Die Brötchen vorsichtig mit etwas lauwarmer Milch bestreichen. Achten Sie darauf, daß sich keine Rosinen an der Teigoberfläche befinden; sie werden beim Backen schwarz. Dann den Teig an einem warmen Ort noch einmal 5 bis 10 Minuten gehen lassen.
8. Das Blech auf der mittleren Einschubleiste in den kalten Backofen schieben und die Brötchen bei 200° C 30 bis 35 Minuten backen.

Mandelbrötchen

Zubereitungszeit: ca. 35 Minuten
Zeit zum Gehen: ca. 1¼ Stunden
Backzeit: ca. 35 Minuten

Sie benötigen für ca. 24 Stück:

Für den Hefeteig:
750 g Dinkel
150 g Hartweizen
200 g geschälte Mandeln
1 TL Salz
1 Würfel Hefe (40 g)
250–350 ml lauwarmes Wasser
¼ l lauwarme Milch
Butter für das Blech

Zum Bestreichen:
etwas lauwarme Milch
gehobelte Mandeln

So wird's gemacht:

1. Den Dinkel und den Hartweizen sowie die Hälfte der Mandeln fein mahlen und mit dem Salz mischen.
2. Die Hefe zerbröseln, in dem lauwarmen Wasser auflösen und zusammen mit der lauwarmen Milch dazugießen.
3. Alle Zutaten in 5 bis 10 Minuten zu einem glatten Teig verkneten, der nicht mehr kleben und sich gut von der Schüssel lösen sollte.
4. Den Teig zu einer Kugel formen und zugedeckt an einem warmen Ort etwa 1 Stunde gehen lassen, bis sich sein Volumen nahezu verdoppelt hat.
5. Die restlichen Mandeln grob hakken und unter den gut gegangenen Hefeteig kneten. Ein Backblech ausfetten.
6. Den Teig in 20 bis 24 Stücke teilen, diese zu Kugeln formen und auf das gefettete Backblech setzen.
7. Die Oberfläche der Brötchen mit etwas lauwarmer Milch bestreichen und mit einigen gehobelten Mandeln bestreuen.
8. Anschließend die Mandelbrötchen an einem warmen Ort noch einmal 10 Minuten gehen lassen.
9. Das Blech auf der mittleren Einschubleiste in den kalten Backofen schieben und die Brötchen bei 200° C 30 bis 35 Minuten backen.

Joghurtbrötchen

Zubereitungszeit: ca. 40 Minuten
Zeit zum Gehen: ca. 1¼ Stunden
Backzeit: ca. 35 Minuten

Sie benötigen für ca. 24 Stück:

Für den Hefeteig:
1 kg Dinkel
½ TL Salz
2 Becher Joghurt (300 g)
50 g Butter
1 Würfel Hefe (40 g)
200–250 ml lauwarme Milch

Außerdem:
Butter für das Blech

So wird's gemacht:
1. Den Dinkel fein mahlen und mit dem Salz mischen. Den zimmerwarmen Joghurt und die weiche Butter hinzufügen. Die Hefe zerbröseln, in der lauwarmen Milch auflösen und dazugießen.
2. Alle Zutaten in etwa 10 Minuten zu einem glatten, weichen Teig verkneten, der nicht mehr kleben und sich gut von der Schüssel lösen sollte.
3. Den Teig zu einer Kugel formen und zugedeckt an einem warmen Ort etwa 1 Stunde gehen lassen, bis sich sein Volumen nahezu verdoppelt hat.
4. Anschließend den gegangenen Teig noch einmal kurz durchkneten und 20 bis 24 runde Brötchen daraus formen. Ein Backblech ausfetten.
5. Die Brötchen auf das Blech setzen und an einem warmen Ort noch einmal 10 Minuten gehen lassen.
6. Das Blech auf der mittleren Einschubleiste in den kalten Backofen schieben und die Brötchen bei 200° C 30 bis 35 Minuten backen.

Tip
Joghurtbrötchen eignen sich sehr gut zum Einfrieren.

Roggenbrötchen

Zubereitungszeit: ca. 40 Minuten
Zeit zum Gehen für den Vorteig:
ca. 12 Stunden
Zeit zum Gehen für den Hauptteig:
ca. 2½ Stunden
Backzeit: ca. 40 Minuten

Sie benötigen für ca. 20 Stück:

Für den Vorteig:
400 g Roggen
1 gestr. TL Backferment
1½ EL Grundansatz oder Sauerteigansatz
400 ml etwa 30° C warme Molke

Für den Hauptteig:
600 g Roggen
2 gestr. TL Salz
1 TL gemahlenen Kümmel
200–300 ml etwa 45° C warme Molke
Butter für das Blech

Zum Bestreuen:
grobes Roggenschrot

So wird's gemacht:
1. Den Roggen für den Vorteig mittelfein mahlen.
2. Das Backferment und den Grundansatz in der warmen Molke klümpchenfrei auflösen, diese zum Roggenmehl gießen und beides mit Hilfe eines Holzlöffels zu einem weichen Brei verrühren.
3. Den Vorteig mit einem feuchten Tuch bedeckt etwa 12 Stunden oder über Nacht bei Zimmertemperatur gehen lassen.
4. Am nächsten Morgen den Roggen für den Hauptteig fein mahlen, mit dem Salz und dem Kümmel mischen und zusammen mit der warmen Molke zum Vorteig geben.
5. Alle Zutaten zu einem weichen Teig verkneten, der möglichst nicht mehr kleben sollte. Den Teig zu einer Kugel formen und zugedeckt an einem warmen Ort noch einmal 2 Stunden gehen lassen, bis sich sein Volumen um etwa ein Drittel vergrößert hat.
6. Danach den Teig noch einmal gut durchkneten, in 20 Stücke teilen und diese zu länglichen Brötchen formen.
7. Die Brötchen zweimal diagonal einschneiden, mit lauwarmem Wasser bestreichen und in etwas Roggenschrot wälzen.
8. Ein Backblech ausfetten, die Brötchen darauf setzen und an einem warmen Ort noch einmal etwa ½ Stunde gehen lassen.
9. Das Blech auf der mittleren Einschubleiste in den kalten Backofen schieben und die Brötchen bei 200° C 35 bis 40 Minuten backen.
10. Die Brötchen vor dem Verzehr mindestens 4 Stunden auf einem Kuchengitter auskühlen lassen.

Kümmelringbrot

Zubereitungszeit: ca. 35 Minuten
Zeit zum Gehen: ca. 1¼ Stunden
Backzeit: ca. 35 Minuten

Sie benötigen für 1 Brot:

Für den Hefeteig:

350 g Dinkel
350 g Weizen, 300 g Roggen
1 TL Meersalz
3 TL gemahlenen Kümmel
2 TL Kümmelkörner
½ l Buttermilch
1 Würfel Hefe (40 g)
etwa 100 ml lauwarmes Wasser
Butter für das Blech

Zum Bestreuen:

2–3 TL Kümmel

So wird's gemacht:
1. Das Getreide fein mahlen und mit dem Salz und dem gemahlenen sowie dem ganzen Kümmel gut mischen. Die zimmerwarme Buttermilch hinzufügen.
2. Die Hefe zerbröseln, in dem lauwarmen Wasser auflösen, zum Vollkornmehl gießen und alle Zutaten in 5 bis 10 Minuten zu einem weichen Teig verkneten, der nicht mehr kleben sollte.
3. Den Teig zu einer Kugel formen und zugedeckt an einem warmen Ort etwa 1 Stunde gehen lassen, bis sich sein Volumen nahezu verdoppelt hat.
4. Danach den Teig noch einmal kurz durchkneten und zu einer Rolle formen. Diese zu einem Ring oder zu einer Schnecke legen. Ein Backblech ausfetten und den Teig darauflegen. Den Ofen auf 250°C vorheizen.
5. Anschließend die Oberfläche des Ringes mit lauwarmem Wasser einpinseln, den Kümmel darüberstreuen und mit dem Finger leicht andrücken. Das Brot an einem warmen Ort noch einmal etwa 10 Minuten gehen lassen.
6. Anschließend das Blech auf der mittleren Einschubleiste in den Backofen schieben. Die Temperatur sofort auf 200°C zurückschalten und eine Schüssel mit heißem Wasser neben das Brot stellen.
7. Dann das Brot etwa 35 Minuten backen und vor dem Anschneiden mindestens 4 Stunden auf einem Kuchengitter auskühlen lassen.

Sonntagszopf

Zubereitungszeit: ca. 40 Minuten
Zeit zum Gehen: ca. 1¼ Stunden
Backzeit: ca. 50 Minuten

Sie benötigen für 1 Zopf:

Für den Hefeteig:

1 kg Dinkel
1 gestr. TL Salz
150 g Butter
4 EL Honig, 1 Ei
abgeriebene Schale von
½ unbehandelten Zitrone
1 Würfel Hefe (40 g)
½ l lauwarme Milch
Butter für das Blech

Zum Bestreuen:

1 Eigelb, 3–4 EL gehobelte Mandeln

So wird's gemacht:
1. Den Dinkel fein mahlen und mit dem Salz mischen. Die zimmerwarme Butter, den Honig, das Ei und die abgeriebene Zitronenschale hinzufügen. Die Hefe zerbröseln, in der lauwarmen Milch auflösen und dazugießen.
2. Alle Zutaten in etwa 10 Minuten zu einem weichen Teig verkneten, der nicht mehr kleben und sich gut von der Schüssel lösen sollte.
3. Den Teig zu einer Kugel formen und zugedeckt an einem warmen Ort etwa 1 Stunde gehen lassen, bis sich sein Volumen nahezu verdoppelt hat.

4. Danach den Teig noch einmal kurz durchkneten und in drei Stücke teilen. Jedes Stück zu einer 30 bis 40 Zentimeter langen Rolle formen und aus diesen einen Zopf flechten.
5. Ein Backblech ausfetten und den Zopf darauflegen.

6. Das Eigelb mit etwas Wasser verquirlen und die Teigoberfläche vorsichtig damit einpinseln. Die Mandelplättchen darüberstreuen und leicht andrücken.
7. Den Zopf an einem warmen Ort noch einmal etwa ¼ Stunde gehen lassen. Den Backofen auf 250°C vorheizen.
8. Das Blech auf der untersten Einschubleiste in den Backofen schieben und den Zopf bei 250°C etwa 10 Minuten und anschließend bei 200°C etwa ½ Stunde backen. Dann den Hefezopf noch 10 Minuten im abgeschalteten Backofen belassen.

Knuspriges Müslibrot

Zubereitungszeit: ca. 1 Stunde
Zeit zum Gehen für den Vorteig:
ca. 4 Stunden
Zeit zum Gehen für den Hauptteig:
ca. 1½ Stunden
Backzeit: ca. 1 Stunde

Sie benötigen für 2 Brote:

Für den Vorteig:
500 g Roggen
300 g Weizen
1 TL Salz
1 TL Honig
etwa 800 ml lauwarmes Wasser

Für den Hauptteig:
450 g Weizen
450 g Dinkel
100 g Hirse
100 g Gerste
100 g Hafer
2 TL Salz
2 Würfel Hefe (80 g)
etwa 600 ml Wasser
50 g Sesamkörner
100 g Sonnenblumenkerne
100 g ungeschwefelte Rosinen
100 g grobgehackte Mandeln, Haselnüsse und Walnüsse (gemischt)
Butter für die Formen oder das Blech

Zum Bestreuen:
1 Eigelb
etwa 4 EL Haferflocken

So wird's gemacht:

1. Den Weizen und den Roggen für den Vorteig mittelfein mahlen. Das Salz und den Honig in dem lauwarmen Wasser auflösen und dazugießen.
2. Alle Zutaten mit einem Holzlöffel gründlich zu einem weichen Getreidebrei verrühren.
3. Den Vorteig mit einem feuchten Tuch abdecken und mindestens 4 Stunden (oder auch über Nacht) quellen lassen.
4. Danach das Getreide für den Hauptteig fein mahlen und mit dem Salz mischen. Die Hefe zerbröseln, in dem lauwarmen Wasser auflösen und zusammen mit dem frischgemahlenen Vollkornmehl zum Vorteig geben.
5. Alle Zutaten in 5 bis 10 Minuten zu einem weichen Teig verkneten. Achtung, der Teig ist weicher als ein normaler Hefeteig und klebt auch noch an den Händen!
6. Den Teig zu einer Kugel formen und zugedeckt an einem warmen Ort etwa 1 Stunde gehen lassen, bis sich sein Volumen nahezu verdoppelt hat.
7. Die Rosinen waschen und gut abtropfen lassen. Mit den Sonnenblumenkernen, den Sesamkörnern und den grobgehackten Nüssen zum Teig geben und alles kurz, aber gründlich darunterkneten. Wem der Teig jetzt noch zu weich ist, der knetet noch etwas frischgemahlenen Weizen darunter.
8. Zwei Brotbackformen ausfetten, den Teig hineingeben und mit einem nassen Löffel glattstreichen. Die Formen sollten etwa zu drei Vierteln gefüllt sein. Wenn der Teig nicht zu weich ist, können Sie daraus auch zwei runde oder längliche Brote formen und sie auf ein gefettetes Backblech setzen.
9. Anschließend das Eigelb mit 2 Eßlöffeln Wasser verquirlen und den Teig damit einpinseln. Dann die Haferflocken darüberstreuen und mit den Fingern etwas andrücken. Den Backofen auf 250°C vorheizen.
10. Den Teig an einem warmen Ort noch einmal 15 bis 20 Minuten gehen lassen. Danach die Formen auf der untersten Einschubleiste in den Backofen schieben und daneben eine Schüssel mit heißem Wasser stellen.
11. Die Müslibrote bei 250°C etwa ¼ Stunde, danach bei 200°C etwa ½ Stunde backen. Anschließend die Brote noch eine weitere ¼ Stunde im ausgeschalteten Backofen stehen lassen.
12. Die Brote auf ein Kuchengitter stürzen und vor dem Anschneiden mindestens 4 Stunden auskühlen lassen.

Tip
Trotz der Rosinen schmeckt das Brot durchaus auch mit einem pikanten Brotaufstrich.

Pariser Brot

Zubereitungszeit: ca. 40 Minuten
Quellzeit für den Vorteig:
ca. 4 Stunden
Zeit zum Gehen für den Hauptteig:
ca. 1¼ Stunden
Backzeit: ca. 40 Minuten

Sie benötigen für 2 Brote:

Für den Vorteig:
400 g Weizen
1 TL Honig
1 TL Salz
300 ml lauwarmes Wasser

Für den Hauptteig:
300 g Hartweizen
300 g Dinkel
1 TL Salz
1 Würfel Hefe (40 g)
250–350 ml lauwarmes Wasser
1 Becher Joghurt (150 g)
Butter für das Blech

Zum Bestreichen:
Sonnenblumenöl

So wird's gemacht:
1. Den Weizen für den Vorteig fein mahlen. Den Honig und das Salz in dem lauwarmen Wasser auflösen, dazugießen und alles mit einem Rührlöffel zu einem weichen Teig verrühren.
2. Den Vorteig mit einem feuchten Tuch abdecken und mindestens 4 Stunden (oder auch über Nacht) quellen lassen.
3. Anschließend den Hartweizen und den Dinkel fein mahlen und mit dem Salz mischen. Die Hefe zerbröseln, in dem lauwarmen Wasser auflösen und zusammen mit dem Joghurt und dem Vollkornmehl zum Vorteig geben.
4. Alle Zutaten in etwa 10 Minuten zu einem glatten, weichen Teig verkneten, der nicht mehr kleben und sich gut von der Schüssel lösen sollte.
5. Den Teig zu einer Kugel formen und zugedeckt an einem warmen Ort etwa 1 Stunde gehen lassen, bis sich sein Volumen nahezu verdoppelt hat.
6. Danach den Teig noch einmal gut durchkneten und in zwei Hälften teilen. Jede zu einer Stange formen, die genauso lang sein sollte wie das Backblech.
7. Ein Backblech ausfetten und beide Teigstangen darauflegen. Die Teigoberfläche mit einem Messer etwa alle 5 Zentimeter diagonal einschneiden und vorsichtig mit etwas lauwarmem Wasser einstreichen.
8. Die Brote an einem warmen Ort noch einmal etwa 10 Minuten gehen lassen. In der Zwischenzeit den Backofen auf 250° C vorheizen.
9. Das Blech auf der mittleren Einschubleiste in den Backofen schieben. Sofort ¼ Tasse Wasser auf den Backofenboden gießen und die Tür gleich verschließen.
10. Die Brote etwa ¼ Stunde bei 250° C, dann weitere 20 bis 25 Minuten bei 200° C backen.
11. Dann die Brote aus dem Backofen nehmen, sofort mit dem Sonnenblumenöl einpinseln und anschließend auf einem Kuchengitter auskühlen lassen.

Korbbrot

Zubereitungszeit: ca. ¾ Stunden
Zeit zum Gehen: ca. 1½ Stunden
Backzeit: ca. 1¾ Stunden

Sie benötigen für 1 Brot:

Für den Hefeteig:
500 g Roggen
1 kg Weizen
2 TL Salz
3 TL gemahlenen Kümmel
½ TL Anis
1 TL Fenchel
1½ TL Koriander
1½ Würfel Hefe (60 g)
850–950 ml lauwarmes Wasser

Außerdem:
Mehl zum Ausstreuen
Butter für das Blech

So wird's gemacht:

1. Den Roggen und den Weizen mittelfein mahlen und mit dem Salz und den Gewürzen mischen. Die Hefe zerbröseln, in dem lauwarmen Wasser auflösen und dazugießen.
2. Alle Zutaten in etwa 10 Minuten gründlich zu einem weichen, elastischen Teig verkneten, der nicht mehr kleben und sich gut von der Schüssel lösen sollte.
3. Den Teig zu einer Kugel formen und zugedeckt an einem warmen Ort etwa 1 Stunde gehen lassen, bis sich sein Volumen nahezu verdoppelt hat.
4. Danach den Teig noch einmal kurz durchkneten. In einen bemehlten Brotkorb aus Peddigrohr (wenn rund, ca. 30 cm ⌀) füllen und an einem warmen Ort noch einmal etwa ½ Stunde gehen lassen. Den Backofen auf 250°C vorheizen. Ein Backblech ausfetten.
5. Den Brotkorb auf das Blech stürzen, den Korb abnehmen und das Mehl vom Teig abbürsten. Die Teigoberfläche leicht mit Wasser besprühen und mit einer Stricknadel kreisförmig mehrmals einstechen. Dabei rasch und zügig arbeiten, damit das Brot nicht in die Breite geht.
6. Das Blech schnell auf der untersten Einschubleiste in den Backofen schieben. Dann ¼ Tasse Wasser auf den Boden schütten und sofort die Ofentür schließen. Das Brot zunächst 20 Minuten bei 250°C, dann 1 Stunde bei 180°C und eine weitere ¼ Stunde im ausgeschalteten Backofen fertigbacken.
7. Dann das Brot aus dem Backofen nehmen, auf ein Kuchengitter legen und die Teigoberfläche leicht mit Wasser einpinseln.

Variationen

Dieser Teig läßt sich beliebig abwandeln. Mischen Sie nach Belieben frische, feingehackte Kräuter oder bis zu 150 Gramm geriebenen Käse oder auch leicht gedünstete Zwiebelwürfel unter den Teig.

Tip

Hefeteige haben die Eigenschaft, sich in allen Richtungen auszudehnen. Die Brotkörbe aus ungebleichtem Peddigrohr sind nicht zum Backen gedacht, sondern sorgen dafür, daß der Teig in der Form bleibt und das charakteristische Rillenmuster bekommt. Es gibt sie in runden und länglichen Formen unterschiedlicher Größen zu kaufen.

Körnerbrot

Zeit zum Keimen: ca. 3 Tage
Zubereitungszeit: ca. 1 Stunde
Zeit zum Gehen für den Vorteig:
ca. 18 Stunden
Zeit zum Gehen für den Hauptteig:
ca. 1¼ Stunden
Backzeit: ca. 1½ Stunden

Sie benötigen für 2 Brote:

Zum Keimen:
100 g Weizen

Für die erste Stufe:
150 g Roggen
2 EL Sauerteigansatz
200 ml etwa 35° C warmes Wasser

Für die zweite Stufe:
300 g Roggen
200 ml etwa 35° C warmes Wasser

Für die dritte Stufe:
450 g Roggen
400 ml etwa 35° C warmes Wasser

Für den Hauptteig:
600 g Weizen, 200 g Roggen
4 TL Salz
½ Würfel Hefe (20 g)
etwa 300 ml warmes Wasser
Butter für das Blech

So wird's gemacht:
1. Den Weizen gründlich waschen, in ein großes Einmachglas oder ein Keimgerät geben, mit Wasser bedecken und etwa 12 Stunden quellen lassen.
2. Das Glas mit einem Stück Gaze verschließen, das Wasser abgießen, nicht gequollene Körner herauslesen und den Weizen gut waschen.
3. Das Gefäß mit der Öffnung nach unten schräg hinstellen, damit das restliche Wasser abfließen kann, und den Weizen etwa 3 Tage keimen lassen. Ihn dabei jeden Tag gut spülen und abtropfen lassen. Die Keime sollten kornlang werden.
4. Den Roggen für die erste Stufe fein mahlen. Den Sauerteigansatz in dem warmen Wasser auflösen, dazugießen und alles mit einem Holzlöffel zu einem weichen Brei verrühren. Den Teig mit einem feuchten Tuch abdecken und über Nacht an einem warmen Ort gehen lassen. Aufpassen, daß der Teig nicht austrocknet.
5. Am nächsten Morgen den Roggen für die zweite Stufe fein mahlen und zusammen mit dem Wasser zum Teigansatz geben. Wieder alles mit einem Holzlöffel verrühren, mit einem feuchten Tuch abdecken und an einem warmen Ort etwa 6 Stunden gehen lassen.
6. Danach den Roggen für die dritte Stufe mittelfein mahlen und mit dem Wasser zum Teigansatz geben. Alles miteinander verrühren, mit einem feuchten Tuch abdecken und noch einmal an einem warmen Ort etwa 4 Stunden gehen lassen.
7. Danach für den Hauptteig den Weizen fein und den Roggen mittelfein mahlen. Mit dem Salz mischen und zusammen mit den Weizensprossen zum Teigansatz geben.
8. Die Hefe zerbröseln, in dem lauwarmen Wasser auflösen, dazugießen und alle Zutaten in etwa 10 Minuten zu einem glatten, weichen Teig verkneten.
9. Den Teig zu einer Kugel formen und zugedeckt an einem warmen Ort noch einmal 1 Stunde gehen lassen, bis sich das Volumen deutlich vergrößert hat.
10. Danach ein Backblech ausfetten. Den Teig noch einmal kurz durchkneten, zu zwei länglichen Broten formen und diese auf das Blech setzen.
11. Die Oberfläche der Brotlaibe mit einem Messer mehrmals einschneiden und die Laibe an einem warmen Ort noch einmal etwa ¼ Stunde gehen lassen.
12. In der Zwischenzeit den Backofen auf 250° C vorheizen. Die gut gegangenen Brote mit lauwarmem Wasser bestreichen oder besprühen und das Blech auf der untersten Einschubleiste in den Backofen schieben. ½ Tasse Wasser auf den Backofenboden schütten und die Tür sofort verschließen.
13. Die Brote etwa 20 Minuten bei 250° C und anschließend etwa 50 Minuten bei 180° C backen. Dann eine weitere ¼ Stunde im ausgeschalteten Backofen stehen lassen.
14. Bis zum Anschneiden die Brote auf einem Kuchengitter mindestens 1 Tag auskühlen lassen.

Roggensauerteigbrot

Zubereitungszeit: ca. 1 Stunde
Zeit zum Gehen für den Vorteig:
ca. 18 Stunden
Zeit zum Gehen für den Hauptteig:
ca. 1½ Stunden
Backzeit: ca. 1½ Stunden

Sie benötigen für 2 Brote:

Für die erste Stufe:
150 g Roggen
2 EL (ca. 50 g) Sauerteigansatz
200 ml etwa 35° C warmes Wasser

Für die zweite Stufe:
300 g Roggen
200 ml etwa 35° C warmes Wasser

Für die dritte Stufe:
450 g Roggen
400 ml etwa 35° C warmes Wasser

Für den Hauptteig:
900 g Roggen
4 TL Salz
nach Geschmack:
2 TL Koriander
2 TL Kümmel
2 TL Fenchel
1 TL Anis
etwa 300 ml etwa 35° C warmes Wasser
Butter für das Blech

So wird's gemacht:

1. Am besten am Abend den Roggen für die erste Stufe der Sauerteigzubereitung fein mahlen. Den Sauerteigansatz in dem etwa 35° C warmen Wasser auflösen, zum Roggenmehl gießen und alles mit einem Holzlöffel verrühren. Den Ansatz zugedeckt an einem warmen Ort bis zum nächsten Morgen (etwa 8 Stunden) gehen lassen.

2. Den Roggen für die zweite Stufe der Teigführung fein mahlen und zusammen mit dem warmen Wasser zum Teigansatz der ersten Stufe geben. Wiederum alles gut miteinander verrühren und zugedeckt an einem warmen Ort etwa 6 Stunden gehen lassen.

3. Den Roggen für die dritte Stufe fein mahlen und zusammen mit dem warmen Wasser zum Teigansatz geben. Alles miteinander verrühren und an einem warmen Ort weitere 4 Stunden gehen lassen.

4. Den Roggen für den Hauptteig mittelfein mahlen und mit dem Salz und nach Geschmack auch mit den restlichen Gewürzen mischen.

5. Vom Sauerteigansatz 2 Eßlöffel abnehmen und in einem Schraubglas im Kühlschrank aufbewahren.

6. Dann den frischgemahlenen Roggen und das warme Wasser zu dem Sauerteigansatz geben und alle Zutaten in etwa 10 Minuten zu einem weichen, elastischen Teig verkneten, der kaum kleben sollte.

7. Den Teig zu einer Kugel formen und zugedeckt an einem warmen Ort etwa 1 Stunde gehen lassen. Sein Volumen sollte sich danach um etwa ein Drittel vergrößert haben.

8. Den Teig noch einmal gut durchkneten und zu zwei länglichen Brotlaiben formen. Ein Backblech ausfetten und die Brote daraufsetzen. Die Oberfläche mehrmals diagonal mit einem Messer einschneiden und mit lauwarmem Wasser bestreichen.

9. Anschließend die Laibe an einem warmen Ort noch einmal 20 bis 30 Minuten gehen lassen. Den Backofen auf 250° C vorheizen.

10. Die Brote noch einmal vorsichtig mit lauwarmem Wasser besprühen und das Blech auf der untersten Einschubleiste in den Backofen schieben. ¼ Tasse Wasser auf den Backofenboden schütten oder die Tasse neben die Brote stellen und die Tür sofort verschließen.

11. Die Brote bei 250° C etwa 20 Minuten und weitere 50 Minuten bei 180° C backen. Danach noch ¼ Stunde im abgeschalteten Backofen stehen lassen. Die Brote vor dem Verzehr auf einem Kuchengitter mindestens 1 Tag auskühlen lassen.

Dreikornbrot

Zubereitungszeit: ca. 1¼ Stunden
Zeit zum Gehen für den Vorteig: ca. 12 Stunden
Zeit zum Gehen für den Hauptteig: ca. 2¾ Stunden
Backzeit: ca. 1¼ Stunden

Sie benötigen für 1 Brot:

Für den Vorteig:
600 g Roggen
2 EL Grundansatz oder Sauerteigansatz
1½ TL Backferment
600 ml etwa 30 °C warmes Wasser

Für den Hauptteig:
400 g Weizen
300 g Hafer
200 g Roggen
2 TL Salz
400 ml etwa 45 °C warmes Wasser
Butter für die Form

Zum Bestreuen:
große Haferflocken

So wird's gemacht:
1. Den Roggen für den Vorteig mittelfein mahlen. Den Grundansatz und das Backferment in dem warmen Wasser klümpchenfrei auflösen und dazugießen.
2. Das Ganze mit einem Holzlöffel zu einem weichen Brei verrühren. Diesen mit einem feuchten Tuch abdecken und etwa 12 Stunden oder über Nacht bei Zimmertemperatur gehen lassen.
3. Danach für den Hauptteig den Weizen, den Hafer und den Roggen fein mahlen. Das Salz in dem warmen Wasser auflösen und zusammen mit dem frischgemahlenen Vollkornmehl zum Vorteig geben.
4. Alle Zutaten zu einem weichen, feuchten und leicht klebrigen Teig verkneten. Diesen mit einem feuchten Tuch abdecken und an einem warmen Ort etwa 2 Stunden gehen lassen. Das Volumen sollte sich dabei um etwa ein Drittel vergrößern.
5. Danach eine Brotbackform ausfetten. Den Teig noch einmal durchkneten und in die Form füllen. Seine Oberfläche mit einem Messer mehrmals einschneiden und mit lauwarmem Wasser bestreichen.
6. Die Haferflocken darüberstreuen und mit dem Finger leicht andrücken. Dann den Teig an einem warmen Ort noch einmal eine ¾ Stunde gehen lassen. Den Backofen auf 250 °C vorheizen.
7. Die Form auf der untersten Einschubleiste in den Backofen schieben. Ein feuerfestes, mit Wasser gefülltes Gefäß danebenstellen.
8. Das Brot zunächst ¼ Stunde bei 250 °C, dann eine ¾ Stunde bei 200 °C backen. Anschließend noch eine weitere ¼ Stunde im ausgeschalteten Backofen stehen lassen.
9. Bis zum Verzehr das Brot auf einem Kuchengitter mindestens 1 Tag auskühlen lassen.

Roggenmischbrot

Zubereitungszeit: ca. 1 Stunde
Zeit zum Gehen für den Vorteig: ca. 12 Stunden
Zeit zum Gehen für den Hauptteig: ca. 2¾ Stunden
Backzeit: ca. 1½ Stunden

Sie benötigen für 2 Brote:

Für den Vorteig:
800 g Roggen
3 EL Grundansatz oder Sauerteigansatz
2 TL Backferment
800 ml etwa 30 °C warmes Wasser

Für den Hauptteig:
700 g Roggen, 500 g Weizen
2 TL Salz
600 ml etwa 45 °C warmes Wasser
Butter für die Formen

So wird's gemacht:
1. Den Roggen für den Vorteig mittelfein mahlen und in eine Schüssel geben. Den Grundansatz und das Backferment in dem warmen Wasser klümpchenfrei auflösen, zum Roggenvollkornmehl gießen und alles mit Hilfe eines Holzlöffels zu einem weichen Teig verrühren.
2. Den Vorteig mit einem feuchten Tuch abdecken und bei Zimmertemperatur etwa 12 Stunden oder über Nacht gehen lassen. Es ist wichtig, daß die Oberfläche des Teiges während dieser Zeit nicht austrocknet. Eventuell also noch eine Plastiktüte über das feuchte Tuch stülpen.
3. Am nächsten Morgen den Roggen für den Hauptteig mittelfein, den Weizen fein mahlen und beides zum Vorteig geben.
4. Das Salz in dem etwa 45 °C warmen Wasser auflösen und ebenfalls dazugießen. Alles zu einem leicht klebrigen Teig verkneten.
5. Den Teig zu einer Kugel formen, wieder mit einem feuchten Tuch bedecken und an einem warmen Ort noch einmal etwa 2 Stunden gehen lassen. Das Volumen sollte sich danach um etwa ein Drittel vergrößert haben. Anschließend zwei Brotbackformen ausfetten.
6. Den Teig noch einmal gut durchkneten und in die Formen füllen. Sie sollten zu etwa drei Vierteln gefüllt sein.
7. Die Oberflächen mit einem nassen Löffel glattstreichen und mit einem Messer beliebig einritzen.
8. Den Backofen auf 50 °C vorheizen, wieder ausschalten und die Formen auf der untersten Einschubleiste hineinschieben. Die Laibe noch einmal ½ bis eine ¾ Stunde gehen lassen.
9. Danach die Brote bei 200 bis 220 °C etwa 1¾ Stunden backen und eine weitere ¼ Stunde im abgeschalteten Ofen stehen lassen.
10. Dann die Brote auf ein Kuchengitter stürzen und bis zum Anschneiden mindestens 1 Tag auskühlen lassen.

Kürbisbrot

Zubereitungszeit: ca. 50 Minuten
Zeit zum Gehen: ca. 1 Stunde
Backzeit: ca. 1 Stunde

Sie benötigen für 1 Brot:

Für den Hefeteig:

1 kg Kürbisfruchtfleisch
oder Zucchinifruchtfleisch
2 EL Wasser
1 kg Weizen
1½ Würfel Hefe (60 g)
1 gestr. TL Salz
100–150 g Honig
150 g Butter

Außerdem:

Butter für die Form

So wird's gemacht:

1. Das Kürbis- oder das Zucchinifruchtfleisch in kleine Stücke schneiden. Kürbisse mit harter Schale vorher schälen und natürlich auch entkernen. Das Fruchtfleisch in dem Wasser in 10 bis 15 Minuten weich kochen.

2. Anschließend das Fruchtfleisch pürieren und abkühlen lassen. Den Weizen fein mahlen.

3. Die Hefe zerbröseln, in dem pürierten Fruchtfleisch auflösen und zusammen mit dem Salz, dem Honig und der Butter zum Weizenvollkornmehl geben.

4. Alle Zutaten zu einem glatten, weichen Teig verkneten, der nicht mehr kleben sollte. Eventuell noch etwas Vollkornmehl hinzufügen.

5. Den Teig zu einer Kugel formen und zugedeckt an einem warmen Ort ½ bis eine ¾ Stunde gehen lassen.

6. Danach den Teig noch einmal gut durchkneten. Eine Brotbackform ausfetten, den Teig hineinfüllen und mit einem nassen Löffel glattstreichen. Dann an einem warmen Ort noch einmal 15 bis 20 Minuten gehen lassen.

7. Anschließend die Form auf der untersten Einschubleiste in den kalten Backofen schieben und das Brot bei 200° C etwa 1 Stunde backen.

8. Das Brot in der Form kurz abkühlen lassen, auf ein Kuchengitter stürzen und vor dem Anschneiden mindestens 4 Stunden auskühlen lassen.

Kartoffelbrot

Zubereitungszeit: ca. 20 Minuten
Zeit zum Gehen ca. 1¼ Stunden
Backzeit: ca. 1 Stunde

Sie benötigen für 1 Brot:

Für den Hefeteig:

600 g Kartoffeln
2 TL Salz
frischgeriebene Muskatnuß
2 EL Honig, 700 g Weizen
1 Würfel Hefe (40 g)
100 ml lauwarme Milch

Außerdem:

Butter für die Form

So wird's gemacht:

1. Die Kartoffeln waschen und schälen. Sie sollten geputzt 500 Gramm wiegen. Anschließend grob zerteilen und im Mixer pürieren.

2. Das Salz, etwas geriebene Muskatnuß und den Honig hinzufügen. Den Weizen fein mahlen.

3. Die Hefe zerbröseln und in der lauwarmen Milch auflösen.
Die Hefe und den Weizen zu den pürierten Kartoffeln geben und alles in etwa 10 Minuten zu einem glatten, weichen Teig verkneten. Dabei eventuell etwas Milch hinzufügen.

4. Den Teig zu einer Kugel formen und zugedeckt an einem warmen Ort etwa 1 Stunde gehen lassen, bis sich sein Volumen deutlich vergrößert hat.

5. Eine runde Brotbackform oder eine Springform (26 cm ⌀) ausfetten. Den gut gegangenen Teig noch einmal kurz durchkneten, zu einem runden Laib formen und diesen in die Form setzen.

6. Den Teig an einem warmen Ort noch einmal 15 bis 20 Minuten gehen lassen. Den Backofen auf 250° C vorheizen.

7. Das gegangene Brot vorsichtig mit lauwarmem Wasser einpinseln und die Form auf der untersten Einschubleiste in den vorgeheizten Backofen schieben. Sofort ¼ Tasse Wasser auf den Backofenboden schütten und die Tür gleich wieder verschließen.

8. Das Brot bei 250° C ¼ Stunde hellbraun backen und anschließend bei 200° C in etwa einer ¾ Stunde fertigbacken. Bis zum Verzehr mindestens 4 Stunden auf einem Kuchengitter auskühlen lassen.

Hefefladenbrot

Zubereitungszeit: ca. 40 Minuten
Zeit zum Gehen: ca. 1 Stunde
Backzeit: ca. ½ Stunde

Sie benötigen für 1 Brot:

Für den Hefeteig:
500 g Dinkel oder Weizen
3 TL Gomasio
½ Würfel Hefe (20 g)
200–250 ml lauwarmes Wasser
150 g Quark
Butter für die Form

Zum Bestreuen:
Sesamkörner

So wird's gemacht:
1. Den Dinkel fein mahlen und mit dem Gomasio mischen. Die Hefe zerbröseln, in der lauwarmen Milch auflösen und zusammen mit dem Quark zum Vollkornmehl geben.
2. Alle Zutaten in etwa 10 Minuten zu einem weichen Teig verkneten, der nicht mehr kleben und sich gut von der Schüssel lösen sollte.
3. Den Teig zu einer Kugel formen und zugedeckt an einem warmen Ort etwa eine ¾ Stunde gehen lassen, bis sich sein Volumen nahezu verdoppelt hat.
4. Danach den Teig noch einmal gut durchkneten. Eine Springform (26 cm Ø) ausfetten, den Teig hineingeben und mit einem nassen Löffel glattstreichen.
5. Den Teig mit lauwarmem Wasser bestreichen und anschließend mit einem spitzen Messer ein Rautenmuster in die Teigoberfläche schneiden. Die Sesamkörner darüberstreuen und mit den Fingern leicht andrücken.
6. Den Teig an einem warmen Ort noch einmal 10 bis 15 Minuten gehen lassen. In der Zwischenzeit den Backofen auf 250°C vorheizen.
7. Die Form auf der mittleren Einschubleiste in den Backofen schieben, ¼ Tasse Wasser auf den Backofenboden schütten und die Tür sofort schließen.
8. Das Fladenbrot etwa 10 Minuten bei 250°C und weitere 20 Minuten bei 200°C backen.

Tip
Gomasio ist eine Mischung aus gemahlenem und geröstetem Sesam und Meersalz. Es ist in Naturkostläden und Reformhäusern erhältlich.

Leinsamenfladen

Zubereitungszeit: ca. 25 Minuten
Zeit zum Gehen: ca. 1 Stunde
Backzeit: ca. ¼ Stunde

Sie benötigen für ca. 35 Stück:

Für den Hefeteig:
150 g Weizen, 100 g Dinkel
je 50 g Roggen und Leinsamen
1 TL Salz
3 TL Butter
¼ Würfel Hefe (10 g)
etwa 200 ml lauwarme Milch
oder lauwarmes Wasser
Butter für das Blech

Zum Bestreuen:
Leinsamenkörner

So wird's gemacht:
1. Das Getreide zusammen mit dem Leinsamen fein mahlen und mit dem Salz mischen.
2. Die Hefe zerbröseln, in der lauwarmen Flüssigkeit auflösen und zusammen mit der zimmerwarmen Butter zum Vollkornmehl geben.
3. Alle Zutaten gründlich zu einem glatten, weichen Teig verkneten, der nicht mehr kleben und sich gut von der Schüssel lösen sollte.
4. Den Teig zu einer Kugel formen und zugedeckt an einem warmen Ort etwa 1 Stunde gehen lassen, bis sich sein Volumen deutlich vergrößert hat.
5. Danach ein Backblech ausfetten. Den Teig noch einmal kurz durchkneten und auf dem Blech ausrollen.
6. Den Teig in Rechtecke oder Rauten der gewünschten Größe ausradeln und mit etwas Leinsamen bestreuen. Diesen mit den Fingern leicht andrücken. Den Backofen auf 250° C vorheizen.
7. Das Blech auf der mittleren Einschubleiste in den Backofen schieben und die Fladen etwa ¼ Stunde backen.

Roggenknusper

Zubereitungszeit: ca. 25 Minuten
Ruhezeit: ca. ½ Stunde
Backzeit: ca. 20 Minuten

Sie benötigen für ca. 30 Stück:

300 g Roggen
1 TL Salz
1 TL gemahlenen Kümmel
3 EL Sonnenblumenöl
1 Becher Joghurt (150 g)
etwa 50 ml Wasser
Butter für das Blech

So wird's gemacht:

1. Den Roggen fein mahlen und mit dem Salz und dem Kümmel mischen.

2. Das Sonnenblumenöl, den Joghurt und das Wasser hinzufügen und alles mit dem Handrührgerät zu einem weichen Teig verkneten.

3. Ein Backblech ausfetten, den Teig darauf verteilen und mit einem nassen Löffel oder dem Nudelholz glattstreichen. Dann den Teig etwa ½ Stunde ruhen lassen.

4. Den Backofen auf 250° C vorheizen. Den Teig auf dem Blech in Rechtecke der gewünschten Größe schneiden und das Blech auf der mittleren Einschubleiste in den Backofen schieben. Die Roggenknusper in etwa 20 Minuten knusprig backen.

5. Das Gebäck auf einem Kuchengitter auskühlen lassen. Es läßt sich gut in einer Blechdose aufbewahren.

Knäckebrot mit Sauerteig

Zubereitungszeit: ca. ½ Stunde
Zeit zum Gehen: ca. 12 Stunden
Backzeit: ca. 10 Minuten

Sie benötigen für ca. 30 Stück:

Für den Teig:
180 g Roggen
70 g Weizen
3 EL Gomasio
2 EL Sauerteigansatz
200–250 ml warmes Wasser
Butter für das Blech

Zum Bestreuen:
Sesamkörner

So wird's gemacht:
1. Den Roggen und den Weizen fein mahlen und mit dem Gomasio mischen.
2. Den Sauerteigansatz in dem warmen Wasser auflösen, zum Vollkornmehl gießen und alle Zutaten mit Hilfe eines Holzlöffels zu einem weichen Brei verrühren.
3. Den Brei mit einem feuchten Tuch abdecken und 8 bis 12 Stunden gehen lassen.
4. Den Backofen auf 250° C vorheizen und ein Backblech ausfetten. Den leicht gegangenen Sauerteig auf das Blech geben und mit einem nassen Löffel glattstreichen.
5. Den Teig in Rechtecke der gewünschten Größe ausradeln und mit den Sesamkörnern bestreuen. Diese mit den Fingern leicht andrücken.
6. Das Blech auf der mittleren Einschubleiste in den vorgeheizten Backofen schieben und das Knäckebrot in etwa 10 Minuten knusprigbraun backen.
7. Das Knäckebrot auf einem Kuchengitter auskühlen lassen. Es läßt sich gut in einer Blechdose aufbewahren.

Weihnachtsbäckerei

Zu Großmutters Zeiten war das Weihnachtsgebäck etwas ganz Besonderes. Das lag in erster Linie natürlich an den damals noch sehr kostbaren, teuren Zutaten. Auch heute lassen wir uns noch immer gerne von dem Duft der Weihnachtsbäckerei verzaubern.

Gewürze in der Weihnachtsbäckerei

Wenn es im Hause so richtig nach Weihnachten duftet, dann liegt das an der Vielzahl der verwendeten Gewürze. Da sie meist aus exotischen Ländern stammen, müssen sie häufig einen sehr langen Weg bis in unsere Küchen zurücklegen. Nachfolgend werden hier die am häufigsten verwendeten Gewürze vorgestellt:

Anis ①
Mit Anis würzt man nicht nur die bekannten Anisplätzchen, sondern auch Printen, Honigkuchen und Früchtebrote. Anis schmeckt süßaromatisch.

Fenchel ②
Mit dem süßlich-bitteren Aroma von Fenchel werden meist Lebkuchen und Früchtebrote gewürzt.

Honig ③
Bevor es wie heute Zucker in Hülle und Fülle gab, war es üblich, das Weihnachtsgebäck mit kostbarem Honig oder Sirup zu verfeinern.

Ingwer ④
Ingwer kommt aus Asien zu uns. Seine Wurzeln werden geschält oder ungeschält getrocknet und gemahlen. Man verwendet ihn zum Würzen von Pfeffer- und Lebkuchen.

Kardamom ⑤
Eine Spur Kardamom darf natürlich bei Früchtebroten und Lebkuchen nicht fehlen. Er wird aus den Samen und den Fruchtschalen einer in Asien wachsenden Pflanze gewonnen.

Koriander ⑥
Koriander ist eine einheimische Doldenpflanze. Wegen seines mildsüßen Aromas nimmt man ihn in der Weihnachtsbäckerei für Printen, Lebkuchen und Früchtebrote. Den Rest des Jahres wird er ebenso wie Anis und Fenchel sehr gerne als Brotgewürz verwendet.

Muskat ⑦
Sicherlich kennen Sie die aus Indien stammende Muskatnuß zum Würzen von Suppen und Gemüse. Für Gebäck ist ihr Aroma meist zu kräftig und zu scharf. Hierfür verwendet man im allgemeinen lieber die Muskatblüte. Sie hat ein ähnliches, aber doch feineres Aroma als die Muskatnuß.

Nelken ⑧
Die getrockneten Blütenknospen des tropischen Nelkenbaumes haben durch ihre ätherischen Öle einen sehr intensiven Geschmack. Man verwendet sie gemahlen deshalb nur äußerst sparsam zum Würzen von Printen, Früchtebroten, Lebkuchen und Spekulatius.

Nüsse ⑨
Nicht nur die vielen Gewürze machen das Geheimnis der Weihnachtsbäckerei aus, auch Mandeln, Walnüsse, Haselnüsse, Kokosraspel, Erdnüsse und Pistazien dürfen auf keinen Fall fehlen. Erst durch sie bekommt das Weihnachtsgebäck sein charakteristisches Aroma. Die Nüsse machen das Gebäck erst richtig mürbe, so daß es auf der Zunge zergeht. Da sie außerdem auch noch mindestens 50 Prozent Fett enthalten, wird das Weihnachtsgebäck durch ihre Zugabe sehr saftig und bleibt lange frisch. Allerdings sollte man Nußgebäck auf keinen Fall in warmen Räumen lagern, die in den Nüssen enthaltenen Öle könnten nämlich sonst ranzig werden.

Piment ⑩
Er wird auch Nelkenpfeffer genannt, denn er hat einen feinen, würzigen Geschmack, der an Gewürznelken, Muskat und Zimt erinnert.

Sternanis ⑪
Sternanis ist nur vom Aroma her ganz entfernt mit unserem heimischen Anis verwandt. Die kleinen sternförmigen Früchte wachsen in Südchina auf Bäumen. Aus ihren Schalen gewinnt man das feine Sternanispulver, mit dessen intensivem Aroma sparsam Früchtebrote, Lebkuchen und Stollen gewürzt werden können.

Trockenfrüchte ⑫
Alle frischen Früchte, die im Herbst durch Trocknen haltbar gemacht wurden, sind mit ihrem intensiven Fruchtaroma schon immer als besonders gehütete Schätze für die Weihnachtsbäckerei aufbewahrt worden. In Lebkuchen, Stollen, Hutzel- und Früchtebroten versüßen sie in der Advents- und Weihnachtszeit im wahrsten Sinne des Wortes das Leben.

Vanille ⑬
In der Weihnachtszeit hat sie Hochsaison, aber auch sonst wird sie gerne zum Aromatisieren von zartem und hellem Gebäck verwendet. Die Vanillestange ist die Fruchtschote einer Orchideenpflanze, die in den Tropen wächst. Zum Backen nimmt man allerdings nicht die relativ teure Vanilleschote, sondern das feingemahlene, echte Vanillepulver, das aus dem Mark und der Schote gewonnen wird und äußerst ergiebig ist. Gekaufter Vanillezucker enthält übrigens höchstens 5 Prozent dieser echten Vanille; der billige Vanillinzucker dagegen bekommt Duft und Geschmack lediglich durch synthetische Aromastoffe.

Zimt ⑭
Mit seinem unvergleichlichen Geschmack und Duft ist der Zimt eines der beliebtesten weihnachtlichen Gewürze. Er wird aus der getrockneten Innenrinde des Zimtbaums gewonnen, die dann im Mörser staubfein pulverisiert wird. Dabei gilt der Ceylonzimt heutzutage als der beste. Zimt darf im Weihnachtsgebäck ruhig hervorschmecken. Allerdings sollte man sich davor hüten, zuviel von ihm zu nehmen, das Gebäck würde sonst nämlich scharf und bitter werden.

Zitronen- und Orangenschale ⑮
Zitronen und Orangen haben in ihren Schalen ebenfalls ätherische Öle, die dem Gebäck nicht nur in der Weihnachtszeit ein intensives Fruchtaroma verleihen. Die frischgeriebene Schale einer unbehandelten Zitrone würzt am intensivsten, aber auch getrocknete, gemahlene Schalen verleihen dem Gebäck ein gutes Aroma. Man kann sie leicht aus den Schalen unbehandelter Zitronen erhalten, die in der Küche häufig als Saft Verwendung finden.
Hierzu wird zuerst die unbehandelte Zitrone gewaschen und dünn geschält. Danach trocknet man die Schale entweder an der Luft oder in der Nachwärme des Backofens. Dieser darf allerdings nicht zu heiß sein, sonst wird die Schale braun. Doch sie sollte nach dem Trocknen lediglich hart und brüchig sein, damit man sie in einer Nußmühle oder in einer alten Kaffeemühle fein mahlen kann. Im Schraubglas aufbewahrt, hält sich die getrocknete und gemahlene Zitronenschale etwa ein Jahr.

Klöben – norddeutscher Weihnachtsstollen

Zubereitungszeit: ca. 25 Minuten
Zeit zum Gehen: ca. 1¼ Stunden
Backzeit: ca. 1¼ Stunden

Sie benötigen für ca. 16 Stücke:

2 Eigelb
125 g Butter
125 g Quark
50–100 g Honig
600 g Weizen
½ TL gemahlene Vanille
2 TL gemahlenen Zimt
1 Prise Kardamom
1 Prise Muskatblüte
abgeriebene Schale von 1 unbehandelten Zitrone
1½ Würfel Hefe (60 g)
¼ l lauwarme Milch
100 g Haselnüsse
100 g Mandeln
50 g Orangeat, 50 g Zitronat
100 g ungeschwefelte Rosinen
Butter für die Form und das Blech
eventuell etwas flüssige Butter
eventuell Kokosraspel

So wird's gemacht:

1. Die Eigelbe mit der Butter, dem Quark und dem Honig schaumig rühren.
2. Den Weizen fein mahlen und zusammen mit den Gewürzen und der abgeriebenen Zitronenschale dazugeben.
3. Die Hefe zerbröseln, in der lauwarmen Milch auflösen und dazugeben. Alle Zutaten zu einem weichen Teig verkneten.
4. Den Teig zu einer Kugel formen und zugedeckt an einem warmen Ort etwa 1 Stunde gehen lassen, bis sich sein Volumen nahezu verdoppelt hat.
5. In der Zwischenzeit die Nüsse und die Mandeln fein mahlen. Das Orangeat und das Zitronat in feine Würfel schneiden. Die Rosinen waschen und abtropfen lassen.
6. Alle Zutaten unter den Hefeteig kneten. Eine Stollen- oder Kastenform (ca. 25 cm lang) und ein Backblech ausfetten. Den Teig in die Form drücken und diese mit der offenen Seite auf das Backblech legen. Den Teig noch einmal etwa ¼ Stunde gehen lassen.
7. Das Blech auf der untersten Einschubleiste in den kalten Backofen schieben und den Stollen bei 200° C 1 bis 1¼ Stunden backen.
8. Den Stollen auf ein Kuchengitter stürzen, eventuell mit der flüssigen Butter bestreichen und mit den Kokosraspeln bestreuen.

Tip

Orangeat und Zitronat werden mit Zucker hergestellt. Falls Sie ganz auf Zucker verzichten möchten, nehmen Sie entweder abgeriebene, unbehandelte Orangen- und Zitronenschale oder ungeschwefelte Trockenfrüchte.

Haselnußstollen

Zubereitungszeit: ca. 1 Stunde
Zeit zum Gehen: ca. 12 Stunden oder über Nacht
Backzeit: ca. 1¼ Stunden

Sie benötigen für ca. 16 Stücke:

Für den Hefeteig:
900 g Dinkel
100 g Haselnüsse
2 Eier
250 g Butter
150 g Honig
abgeriebene Schale von 1 unbehandelten Zitrone
1½ Würfel Hefe (60 g)
300 ml lauwarme Milch
Mehl zum Ausrollen

Für die Füllung:
200 g Haselnüsse
200 g ungeschwefelte Rosinen
1 TL gemahlenen Zimt
1 TL gemahlenen Koriander
½ TL Kardamom
½ TL Piment
abgeriebene Schale von 1 unbehandelten Zitrone

Zum Bestreuen:
50 g flüssige Butter
50 g Haselnüsse

So wird's gemacht:

1. Den Dinkel und die Haselnüsse fein mahlen und miteinander mischen.
2. Die Eier, die Butter und den Honig sowie die abgeriebene Zitronenschale hinzufügen. Die Hefe zerbröseln, in der lauwarmen Milch auflösen und dazugeben.
3. Alle Zutaten in etwa 10 Minuten zu einem glatten Teig verkneten.
4. Den Teig in eine Schüssel geben und zugedeckt über Nacht im Kühlschrank gehen lassen.
5. Am nächsten Morgen für die Füllung die Haselnüsse halbieren oder grob hacken und in einer trockenen Pfanne leicht anrösten.
6. Die Rosinen waschen und gut abtropfen lassen. Mit den Gewürzen, der Zitronenschale und den Haselnüssen mischen.
7. Den Teig aus dem Kühlschrank nehmen, noch einmal kurz durchkneten und in zwei Stücke teilen. Jedes auf einem bemehlten Brett etwa fingerdick zu einem Rechteck ausrollen und die Füllung jeweils gleichmäßig darauf verteilen.
8. Anschließend das Ganze wie einen Strudel aufrollen (siehe dazu Seite 36). Die Stollen entweder auf ein gefettetes Backblech legen oder in zwei gefettete Stollenformen drücken und diese kopfüber auf das Blech legen.
9. Das Blech oder die Form auf der untersten Einschubleiste in den kalten Backofen schieben und die Stollen bei 180°C etwa 1¼ Stunden backen. Die Stollenformen etwa ¼ Stunde vor Ende der Backzeit abnehmen, damit die Stollenoberflächen noch leicht braun werden.
10. Die Haselnüsse grob hacken und in einer trockenen Pfanne leicht anrösten. Die beiden Stollen auf ein Kuchengitter stürzen, sofort mit der flüssigen Butter bepinseln und mit den angerösteten Haselnüssen bestreuen.
11. Den Stollen vor dem Verzehr mindestens 1 Tag durchziehen lassen.

Zimttorte

Zubereitungszeit: ca. 50 Minuten
Kühlzeit: ca. ½ Stunde
Backzeit: ca. 40 Minuten

Sie benötigen für ca. 16 Stücke:

Für den Mürbeteig:

200 g Weizen, 50 g Mandeln
125 g Butter
2 EL Honig, 1 Ei
¼ TL gemahlene Vanille
1 Prise Salz
Butter für die Form

Für den Belag:

2 Eigelb
100 g Honig
125 ml Milch
100 g Mandeln
1 EL ungeschwefelte Rosinen
2 EL Zitronat, 2 EL Orangeat
2 TL gemahlenen Zimt
2 Eiweiß
100 g Sahne

So wird's gemacht:

1. Den Weizen und die Mandeln fein mahlen und miteinander mischen.
2. Die Butter mit dem Honig und dem Ei schaumig rühren. Dann die Vanille und das Salz dazugeben.
3. Die Weizen-Mandel-Mischung hinzufügen und alle Zutaten zu einem weichen Mürbeteig verkneten.
4. Eine Springform (26 cm ⌀) ausfetten, den Teig hineingeben und mit einem nassen Löffel glattstreichen. Die Form für mindestens ½ Stunde in den Kühlschrank stellen.
5. Die Teigoberfläche mit einer Gabel mehrmals leicht einstechen. Anschließend die Form auf der mittleren Einschubleiste in den Backofen schieben und den Boden bei 220°C etwa 10 Minuten vorbacken.
6. Für den Belag die Eigelbe mit dem Honig und der Milch schaumig rühren.
7. Die Mandeln fein mahlen, die Rosinen waschen und gut abtropfen lassen. Das Zitronat und das Orangeat fein würfeln. Beides mit den Rosinen, dem Zimt und den Mandeln zu der Eigelbmasse geben.
8. Die Eiweiße und die Sahne getrennt voneinander steif schlagen und vorsichtig darunterheben.
9. Den vorgebackenen Mürbeteig aus dem Backofen nehmen und etwa 5 Minuten abkühlen lassen. Den Backofen auf 180°C zurückschalten.
10. Dann den Belag gleichmäßig auf dem Tortenboden verteilen und mit einem nassen Löffel gut glattstreichen.
11. Die Form wieder auf der untersten Einschubleiste in den heißen Backofen stellen und die Zimttorte etwa ½ Stunde backen. Anschließend die Torte etwa 10 Minuten im ausgeschalteten Backofen stehen lassen.

Früchtekuchen

Quellzeit: ca. 3 Stunden
Zubereitungszeit: ca. 50 Minuten
Backzeit: ca. 1 Stunde

Sie benötigen für ca. 16 Stücke:

200 g Mandeln
150–200 g getrocknete, ungeschwefelte Pflaumen (die Menge richtet sich danach, wie stark die Früchte getrocknet sind)
150–200 g getrocknete, ungeschwefelte Aprikosen
100 g ungeschwefelte Rosinen
100 g ungeschwefelte Korinthen
2 EL Rum
150 g Butter, 120 g Honig
4 Eier
250 g Weizen
½ Päckchen Weinsteinbackpulver
1 TL gemahlenen Zimt
½ TL gemahlene Nelken
½ TL gemahlene Vanille
Butter für die Form

So wird's gemacht:

1. Die Mandeln mit kochendem Wasser überbrühen, 5 Minuten darin ziehen lassen und dann die Haut ablösen. Die Mandeln auf einem Teller zum Trocknen ausbreiten.

2. Die getrockneten Pflaumen und Aprikosen waschen und in kleine Stücke schneiden. Zusammen mit den Rosinen und den Korinthen knapp mit Wasser bedeckt und mit dem Rum beträufelt 2 bis 3 Stunden quellen lassen. Das Wasser darf nicht über den Trockenfrüchten stehen. Sie sollten ab und zu umgerührt werden, damit das Wasser am Ende der Quellzeit nahezu vollständig aufgesogen ist.

3. Die Butter mit dem Honig und den Eiern schaumig rühren. Den Weizen fein mahlen und zusammen mit dem Backpulver und den Gewürzen dazugeben.

4. Drei Viertel der geschälten Mandeln grob hacken und dazugeben. Die restlichen zum Garnieren beiseite legen.

5. Alle Zutaten zu einem glatten Teig verrühren und anschließend die Trockenfruchtmischung mit einem Löffel darunterziehen.

6. Eine Springform (28 cm ø) oder eine Kastenform (25 cm lang) ausfetten, den Teig hineingeben und mit einem nassen Löffel gut glattstreichen.

7. Die Form auf der untersten Einschubleiste in den kalten Backofen schieben und den Kuchen bei 180 bis 200° C 50 bis 60 Minuten backen. Anschließend ihn noch 10 Minuten im abgeschalteten Backofen stehen lassen.

8. Die Form herausnehmen, den Kuchen kurz abkühlen lassen, dann auf ein Kuchengitter stürzen und die ganzen Mandeln als Verzierung in die Teigoberfläche stecken.

Tip

Früchtekuchen sollte vor dem Verzehr mindestens 1 Tag durchziehen. Er hält sich kühl und gut verpackt lange frisch und eignet sich auch als kleines Weihnachtsgeschenk.

Gefüllte Honigkuchen

Quellzeit: ca. 3 Stunden
Zubereitungszeit: ca. 1 Stunde
Backzeit: ca. ¾ Stunden

Sie benötigen für ca. 40 Stück:

Für den Teig:

125 g Butter
250 g Honig
1 Ei
1 Päckchen Lebkuchengewürz
1 TL Kakaopulver
400 g Weizen
1 Päckchen Weinsteinbackpulver
Butter für das Blech

Für den Belag:

80 g Butter
3 EL Honig
3 EL Sahne
100 g gehobelte Mandeln

Für die Füllung:

400 g gemischte, ungeschwefelte Trockenfrüchte
1 TL gemahlenen Zimt

So wird's gemacht:

1. Die Trockenfrüchte für die Füllung in kleine Stücke schneiden und knapp mit Wasser bedeckt etwa 3 Stunden quellen lassen.
2. Für den Teig die Butter mit dem Honig und dem Ei schaumig rühren. Das Lebkuchengewürz und den Kakao hinzufügen.
3. Den Weizen fein mahlen und zusammen mit dem Backpulver ebenfalls dazugeben. Alle Zutaten anschließend zu einem weichen Teig verrühren.
4. Ein Backblech ausfetten. Den Teig daraufgeben und mit einem nassen Löffel glattstreichen. Dabei den Löffel immer wieder ins Wasser tauchen.
5. Für den Belag die Butter langsam schmelzen lassen und mit dem Honig und der Sahne verrühren. Die Mandelblättchen darunterziehen und die Teigoberfläche mit dem Belag bestreichen.
6. Das Blech auf der mittleren Einschubleiste in den Backofen schieben und den Honigkuchenteig 40 Minuten bei 200°C backen.
7. Das Blech aus dem Backofen nehmen, den Honigkuchen 10 Minuten abkühlen lassen und dann in Rechtecke der gewünschten Größe schneiden. Auf einem Kuchengitter auskühlen lassen. Nach dem vollständigen Erkalten die Rechtecke vorsichtig quer halbieren.
8. Die Trockenfrüchte nach der Quellzeit abgießen, im Mixer pürieren oder durch den Fleischwolf drehen und mit dem Zimt würzen.
9. Die Fruchtmasse dünn auf die unteren Hälften der durchgeschnittenen Honigkuchen streichen und anschließend die anderen Hälften wieder daraufsetzen.

Variation

Für ungefüllte Lebkuchen stellen Sie den Teig her wie oben beschrieben und geben ihn auf das Backblech. Dann lassen Sie 80 Gramm Butter schmelzen, fügen 3 Eßlöffel Honig und 3 Eßlöffel Sahne hinzu und ziehen 50 Gramm Sesamkörner und jeweils 75 Gramm Sonnenblumen- und Kürbiskerne darunter. Bestreichen Sie den Teig mit dieser Masse, und backen Sie ihn 25 bis 30 Minuten bei 200° C.

Haselnußlebkuchen

Zubereitungszeit: ca. ½ Stunde
Zeit zum Trocknen: ca. 12 Stunden
Backzeit: ca. 35 Minuten

Sie benötigen für ca. 40 Stück:

4 Eigelb
100 g Sucanat (Ursüße)
200 g Haselnüsse
150 g Hafer
2 TL Lebkuchengewürz
1 TL gemahlenen Zimt
50 g Zitronat
Saft von 1 Zitrone
4 Eiweiß
etwa 40 Backoblaten (7 cm ⌀)

So wird's gemacht:
1. Die Eigelbe mit dem Sucanat gut verrühren.
2. Die Haselnüsse und den Hafer fein mahlen und mit dem Lebkuchengewürz und dem Zimt mischen.
3. Das Zitronat in feine Würfelchen schneiden und mit der Haselnußmischung und dem Zitronensaft zur Eigelbmasse geben. Alles gut miteinander verrühren.
4. Die Eiweiße sehr steif schlagen und vorsichtig darunterheben.
5. Jeweils 1 Eßlöffel der Masse auf die Backoblaten (7 cm ⌀) geben. Dabei ringsherum einen schmalen Rand lassen.
6. Die Oblaten auf ein Backblech setzen und die Masse über Nacht bei Zimmertemperatur antrocknen lassen.
7. Am nächsten Morgen das Blech auf der mittleren Einschubleiste in den kalten Backofen schieben und das Gebäck bei 180° C 30 bis 35 Minuten backen.

Dattellebkuchen

Zubereitungszeit: ca. ½ Stunde
Zeit zum Trocknen: ca. 12 Stunden
Backzeit: ca. 35 Minuten

Sie benötigen für ca. 40 Stück:

3 Eigelb
100–150 g Honig
50 g Dattelmark
150 g Mandeln
200 g Weizen
2 TL Weinsteinbackpulver
1 TL gemahlenen Zimt
2 TL Lebkuchengewürz
100 g Datteln
4 Eiweiß
40 Backoblaten (7 cm ⌀)

So wird's gemacht:
1. Die Eigelbe mit dem Honig und dem Dattelmark schaumig rühren.
2. Die Mandeln und den Weizen fein mahlen und mit dem Backpulver, dem Zimt und dem Lebkuchengewürz mischen.
3. Die Mehlmischung zu der Eigelbmasse geben und alles mit dem Handrührgerät gut verrühren.
4. Die Datteln waschen, entsteinen und in kleine Stücke schneiden. Die Eiweiße steif schlagen. Beides vorsichtig unter den Teig heben.
5. Jeweils 1 Eßlöffel der Masse auf die Backoblaten (7 cm ⌀) geben. Dabei ringsherum einen kleinen Rand lassen.
6. Die Oblaten auf ein Backblech setzen und die Masse über Nacht antrocknen lassen.
7. Am nächsten Morgen das Blech auf der mittleren Einschubleiste in den kalten Backofen schieben und das Gebäck bei 180° C 30 bis 35 Minuten backen.

Walnußecken

Zubereitungszeit: ca. ½ Stunde
Backzeit: ca. 20 Minuten

Sie benötigen für ca. 50 Stück:

125 g Butter
100 g Honig
1 Ei
½ TL gemahlene Vanille
50 g Dinkel
200 g gemahlene Walnüsse
2 TL Weinsteinbackpulver
Butter für das Blech
50 Walnußhälften (ca. 100 g)

So wird's gemacht:

1. Die Butter mit dem Honig und dem Ei schaumig rühren und mit der Vanille würzen.

2. Den Dinkel fein mahlen und zusammen mit den gemahlenen Walnüssen und dem Backpulver dazugeben. Alle Zutaten mit dem Handrührgerät zu einem weichen Teig verkneten.

3. Ein Backblech ausfetten. Den Teig daraufgeben und mit einem nassen Löffel glattstreichen. Dabei den Löffel immer wieder in kaltes Wasser tauchen. Die Teigmenge reicht etwa für eine Fläche von 28 mal 28 Zentimeter.

4. Den Teig längs und quer in etwa 4 Zentimeter breite Streifen schneiden und auf jede Raute eine Walnußhälfte setzen.

5. Anschließend das Blech auf der mittleren Einschubleiste in den kalten Backofen schieben und das Gebäck bei 200°C etwa 20 Minuten backen.

6. Falls die Walnußecken nach dem Backen wieder zusammenkleben, diese nochmals mit einem scharfen Messer durchschneiden.

Marzipanplätzchen

Zubereitungszeit: ca. 20 Minuten
Backzeit: ca. 25 Minuten

Sie benötigen für ca. 25 Stück:

Für den Mürbeteig:
150 g Butter
100 g Honig
1 Ei
abgeriebene Schale von 1 unbehandelten Zitrone
150 g Weizen
100 g Mandeln
Butter für das Blech

Für die Füllung:
100 g Marzipanrohmasse (Honigmarzipan)
1–2 EL Honig

So wird's gemacht:
1. Die Butter mit dem Honig und dem Ei schaumig rühren und die Zitronenschale hinzufügen.
2. Den Weizen und die Mandeln fein mahlen und dazugeben. Alle Zutaten mit dem Handrührgerät zu einem glatten, weichen Teig verkneten.
3. Ein Backblech ausfetten. Den Teig in einen Spritzbeutel mit großer Sterntülle füllen und damit kleine Häufchen auf das Blech spritzen. Ihr Durchmesser sollte ungefähr so groß sein wie ein Fünfmarkstück.
4. Das Blech auf der mittleren Einschubleiste in den kalten Backofen schieben und die Plätzchen bei 200° C 20 bis 25 Minuten backen.
5. Das Blech herausnehmen und die Plätzchen auf einem Kuchengitter abkühlen lassen.
6. Für die Füllung die Marzipanrohmasse mit dem Honig verkneten und jeweils zwei Plätzchen mit etwas Marzipanmasse zusammenkleben.

Tip
Sie können Marzipan auch leicht selbst herstellen.

Dazu benötigen Sie:
100 g Mandeln
etwa 2½ EL Honig
2–4 EL Rosenwasser (aus der Apotheke)

So wird's gemacht:
1. Die Mandeln mit kochendem Wasser überbrühen, 10 Minuten darin ziehen lassen, danach die Haut abziehen und die Mandeln ausgebreitet trocknen lassen. Wenn Sie ungeschälte Mandeln verwenden, wird Ihr Marzipan dunkler.
2. Anschließend die Mandeln so fein wie möglich mahlen und mit dem Honig und dem Rosenwasser zu einer glatten Masse verkneten.
3. In einem gut verschlossenen Schraubglas hält sich das Honigmarzipan im Kühlschrank sehr lange. Es wird dabei mit der Zeit auch etwas fester.

Hufeisen

Zubereitungszeit: ca. 35 Minuten
Kühlzeit: ca. 1 Stunde
Backzeit: ca. 25 Minuten

Sie benötigen für ca. 20 Stück:

200 g Dinkel
½ Würfel Hefe (20 g)
2 EL lauwarme Milch
100 g Butter, 1 Ei
1 EL Honig, Butter für das Blech
2–4 EL Sucanat (Ursüße)
1 TL gemahlenen Zimt

So wird's gemacht:
1. Den Dinkel fein mahlen. Die Hefe zerbröseln und in der lauwarmen Milch auflösen.
2. Die Butter mit dem Ei und dem Honig schaumig rühren, den feingemahlenen Dinkel und die Hefemilch hinzufügen und alle Zutaten zu einem glatten Teig verrühren.
3. Den Teig zu einer Kugel formen und zugedeckt im Kühlschrank etwa 1 Stunde ruhen lassen. Ein Backblech ausfetten.
4. Danach den Teig auf einem bemehlten Brett noch einmal gut durchkneten, etwa 10 Zentimeter lange, knapp fingerdicke Röllchen formen und diese in dem mit Sucanat gemischten Zimt wälzen.
5. Die Röllchen zu Hufeisen formen und auf das Backblech setzen.
6. Das Blech auf der mittleren Einschubleiste in den kalten Backofen schieben und das Gebäck bei 200°C 20 bis 25 Minuten backen.

Variation
Sie können die Teigröllchen auch in etwas gemahlener Vanille wälzen.

Ausstecherle

Zubereitungszeit: ca. 35 Minuten
Kühlzeit: ca. 1 Stunde
Backzeit: ca. 25 Minuten

Sie benötigen für ca. 30 Stück:

125 g Butter
100 g Honig
1 Ei
½ TL gemahlene Vanille
abgeriebene Schale von 1 unbehandelten Zitrone
250 g Dinkel
1 TL Weinsteinbackpulver
Butter für das Blech
1 Eigelb

So wird's gemacht:
1. Die Butter mit dem Honig und dem Ei schaumig rühren und mit der Vanille und der abgeriebenen Zitronenschale würzen.
2. Den Dinkel fein mahlen und zusammen mit dem Backpulver hinzufügen.
3. Alle Zutaten zu einem glatten, weichen Teig verkneten. Diesen im Kühlschrank mindestens 1 Stunde zugedeckt ruhen lassen. Ein Backblech ausfetten.
4. Anschließend den Teig auf einem bemehlten Brett portionsweise etwa 4 Millimeter dick ausrollen und beliebige Figuren ausstechen. Auf diese Weise reicht der Teig für ein Backblech.
5. Die Plätzchen auf das Backblech setzen. Das Eigelb gut verquirlen und die Plätzchen damit bestreichen.
6. Das Blech auf der mittleren Einschubleiste in den kalten Backofen schieben und die Plätzchen bei 200° C 20 bis 25 Minuten backen.

Variation
Schokoausstecherle erhalten Sie, wenn Sie unter den Teig 1 Teelöffel Kakao, ½ Teelöffel Zimt sowie 1 Eßlöffel Sahne kneten.

Haferflockenplätzchen

Zubereitungszeit: ca. 25 Minuten
Kühlzeit: ca. ½ Stunde
Backzeit: ca. 25 Minuten

Sie benötigen für ca. 30 Stück:

100 g großblättrige Haferflocken
150 g feingemahlene Haselnüsse oder Walnüsse
1 Ei
½ TL Weinsteinbackpulver
100 g Butter
100 g Honig
½ TL gemahlene Vanille
Butter für das Blech
30 Walnußhälften oder Haselnüsse

So wird's gemacht:
1. Die Haferflocken in einer trockenen Pfanne rösten, bis sie anfangen zu duften, dann abkühlen lassen.
2. Anschließend die Haferflocken mit den feingemahlenen Hasel- oder Walnüssen, dem Ei, dem Backpulver, der Butter und dem Honig sowie der Vanille zu einem weichen Teig verkneten und diesen etwa ½ Stunde zugedeckt im Kühlschrank ruhen lassen.
3. Dann aus dem Teig etwa 30 Kugeln formen. Ein Backblech ausfetten und dann die Kugeln nicht zu dicht nebeneinander daraufsetzen. Die Plätzchen gehen etwas in die Breite. Jede Kugel mit einer Walnußhälfte oder einer Haselnuß belegen.
4. Danach das Blech auf der mittleren Einschubleiste in den kalten Backofen schieben und die Plätzchen bei 200° C 20 bis 25 Minuten backen.
5. Die Plätzchen etwas abkühlen lassen, vorsichtig mit einem spitzen Messer vom Backblech lösen und auf einem Kuchengitter auskühlen lassen.

Orangenkränze

Zubereitungszeit: ca. ½ Stunde
Backzeit: ca. ¼ Stunde

Sie benötigen für ca. 40 Stück:

Für den Teig:
100 g Butter
80 g Honig
3 Eigelb
abgeriebene Schale von 1 unbehandelten Orange
abgeriebene Schale von ½ unbehandelten Zitrone
Saft von ½ Orange
150 g Dinkel
100 g Hirse
1 TL Weinsteinbackpulver
Butter für das Blech

Für die Glasur:
2 EL Honig
3 EL Orangensaft

So wird's gemacht:
1. Die Butter mit dem Honig und den Eigelben schaumig rühren. Die abgeriebene Orangen- und Zitronenschale dazugeben.
2. Den Dinkel und die Hirse fein mahlen und zusammen mit dem Backpulver und dem Orangensaft hinzufügen.
3. Alle Zutaten mit dem Handrührgerät zu einem weichen, glatten Teig verrühren. Diesen etwa ¼ Stunde bei Zimmertemperatur quellen lassen.
4. In der Zwischenzeit den Backofen auf 200°C aufheizen und ein Backblech ausfetten.
5. Den Teig in einen Spritzbeutel mit Sterntülle füllen und auf das Backblech Ringe von 6 bis 7 Zentimeter Durchmesser spritzen.
6. Das Blech auf der mittleren Einschubleiste in den Backofen schieben und die Plätzchen 10 bis 15 Minuten backen.
7. Dann die Plätzchen herausnehmen, mit einem flachen Messer vom Blech lösen und auf einem Kuchengitter auskühlen lassen.
8. Für die Glasur den Honig vorsichtig erhitzen, mit dem Orangensaft verrühren und die noch heißen Orangenkränze damit bepinseln.

Zimtmakronen

Zubereitungszeit: ca. 25 Minuten
Backzeit: ca. 40 Minuten

Sie benötigen für ca. 40 Stück:

3 Eiweiß
50 g Hafer
70 g Sucanat (Ursüße)
2 TL gemahlenen Zimt
40 Backoblaten (4 cm ⌀)

So wird's gemacht:
1. Die Eiweiße sehr steif schlagen.
2. Den Hafer fein mahlen und mit dem Sucanat und dem Zimt mischen.
3. Den Eischnee vorsichtig unter die Hafer-Zimt-Mischung heben.
4. Nun jeweils einen Teelöffel der Masse auf die Backoblaten geben und diese auf ein Backblech setzen.
5. Das Backblech auf der mittleren Einschubleiste in den kalten Backofen schieben und die Zimtmakronen bei 100°C 30 bis 40 Minuten mehr trocknen als backen.

Mandelkonfekt

Zubereitungszeit: ca. 20 Minuten
Zeit zum Trocknen: ca. 24 Stunden

Sie benötigen für ca. 30 Stück:

100 g Honig
4 EL Sahne
1 gehäufter TL gemahlenen Zimt
abgeriebene Schale von
1 unbehandelten Zitrone
250 g Mandelstifte
Butter für das Blech

So wird's gemacht:

1. Den Honig vorsichtig erhitzen. Den Topf vom Herd nehmen und den Honig mit der Sahne, dem Zimt und der abgeriebenen Orangenschale mischen.
2. Die Mandelstifte darunterziehen. Ein Backblech mit Pergamentpapier auslegen, dann das Papier einfetten.
3. Mit Hilfe von zwei Teelöffeln kleine Häufchen der Mandelmasse auf das Blech setzen. Dabei die Löffel immer wieder in heißes Wasser tauchen.
4. Dann das Mandelkonfekt bei Zimmertemperatur etwa 1 Tag trocknen lassen und anschließend kühl und trocken aufbewahren.

Lebkuchenhaus

Zubereitungszeit: ca. 2½ Stunden
Ruhezeit: ca. 2 Tage
Backzeit: ca. 20 Minuten

Sie benötigen für 1 Häuschen:

Für den Teig:

600 g Weizen
3 TL Lebkuchengewürz
2 TL Hirschhornsalz oder Weinsteinbackpulver
300 g Honig
150 ml Wasser
Butter für das Blech

Zum Kleben:

2 Eiweiß
4 EL Honig

Für den Guß:

50 g Butter
2½ EL Honig
1 TL Kakaopulver
1 TL gemahlenen Zimt
2 EL Sahne
1 Msp. Agar-Agar

Zum Verzieren:

gehobelte Mandeln
Sonnenblumenkerne
Kürbiskerne
Rosinen
Haselnüsse
Streifen von Zitronat und Orangeat

So wird's gemacht:

1. Den Weizen fein mahlen und mit dem Lebkuchengewürz und dem Hirschhornsalz oder dem Backpulver mischen.
2. Den Honig und das Wasser hinzufügen und alle Zutaten mit dem Handrührgerät zu einem weichen Teig verrühren.
3. Den Teig zugedeckt über Nacht im Kühlschrank ruhen lassen.
4. Am nächsten Morgen den Teig auf einer bemehlten Unterlage etwa ½ Zentimeter dick ausrollen. Den Backofen auf 180° C vorheizen.

5. Die fünf einzelnen Hausteile (2 dreieckige Giebel à 23 cm Höhe und 21 cm Breite mit Tür und Fenster; 1 halbkreisförmige Bodenplatte von 25 cm ∅; 2 rechteckige Dachflächen à 22 cm Breite und 8,5 cm Höhe) auf Pappe aufmalen, ausschneiden und als Schablonen auf den Teig legen. Dann mit einem Messer die einzelnen Teile ausschneiden. Aus den Resten eventuell kleine Figuren ausstechen oder Streifen schneiden und diese später als Zaun verwenden. Ein Backblech ausfetten.
6. Die ersten Hausteile auf das Blech legen und im Backofen bei 180° C etwa 20 Minuten backen. Mit den restlichen Teilen ebenso verfahren. Alle Lebkuchenteile auf einem Kuchengitter über Nacht auskühlen lassen.

7. Am nächsten Tag für den Kleber die Eiweiße mit dem Honig schaumig schlagen. Dann zunächst die Bodenplatte auf ein Holzbrett legen, mit Kleber bestreichen und Stück für Stück die Seitenteile daran aufrichten.

8. Dann die Dachplatten darauflegen und festheften.
9. Für den Guß die Butter langsam schmelzen lassen und mit dem Honig, dem Kakao und dem Zimt sowie der Sahne verrühren.
10. Den Agar-Agar hinzufügen, alles noch einmal kurz erhitzen und anschließend das Dach damit bestreichen. Sofort die gehobelten Mandeln als Dachziegel darauf verteilen.
11. Als weitere Verzierungen kann man das Haus ganz nach Phantasie mit Sonnenblumenkernen, Kürbiskernen, Rosinen und anderem verschönern. Als Kleber dient jeweils Eiweiß, das mit Honig schaumig geschlagen wurde.

Spezielles für Getreideallergiker

Mit entsprechenden Rezepten läßt sich auch aus »alternativen Getreidearten« ausgezeichnet Brot und Gebäck herstellen. Einerseits sind die nachfolgenden Rezepte für Getreideallergiker geeignet, andererseits setzen sie aber auch neue geschmackliche Akzente in der Vollkornbäckerei.

Getreide ist nicht gleich Getreide

Getreide, insbesondere jedoch Weizen und Roggen, ist eines unserer Hauptgrundnahrungsmittel. Da ist es nur schwer vorstellbar, wie man sich ohne Getreide ernähren kann, wenn man es nicht verträgt.

Zum Glück reagieren nur sehr wenige Menschen auf alle Getreidearten und damit auch auf alle Getreideprodukte allergisch. Man vermutet, daß es daran liegt, daß das Getreide meist nicht roh verzehrt wird. Getreidegerichte und Backwaren sind üblicherweise erhitzt worden, wodurch die Allergene ihre Aktivität verlieren.

Häufiger als eine ausgesprochene Getreideallergie tritt eine Überempfindlichkeit gegenüber dem Getreideeiweiß auf. Man ist sich letztendlich noch nicht darüber einig, ob diese Empfindlichkeit in den Bereich der allergischen Erkrankungen einzuordnen ist. Wie dem auch sei, sie äußert sich in einer Überempfindlichkeit des Darms. Dabei schädigt das im Getreidekorn vorkommende Klebereiweiß die Darmschleimhaut, so daß chronische Entzündungen und auch Verdauungsstörungen entstehen. Die beschwerdeauslösenden Klebersubstanzen sind das Gliadin im Weizen, Dinkel, Grünkern und Roggen, das Avenin im Hafer und das Hordein in der Gerste. Beim Säugling und beim Kleinkind spricht man bei diesen Unverträglichkeitserscheinungen von Zöliakie, beim Erwachsenen von Sprue. Verzichtet man auf die obengenannten Getreidearten, das heißt, ernährt man sich glutenfrei, so verschwinden auch die Symptome der Krankheit.

Man braucht jedoch bei dieser Diät nicht auf sämtliche Getreidearten zu verzichten: Mais, Reis und Hirse werden meist problemlos vertragen. Ebenso kann man zum Backen auch Buchweizen-, Soja-, Erbsen- und Kastanienmehl sowie die »Inkagetreide« Amaranth und Quinoa verwenden.

In Reformhäusern gibt es bereits eine große Anzahl glutenfreier Backwaren und weiterer Nahrungsmittel ohne Getreideeiweiß. Die folgenden Rezepte sollen Ihnen zeigen, daß es auch im Haushalt gelingt, glutenfreie Brote und Brötchen und ebensolches Gebäck herzustellen.

Möhren-Haselnuß-Torte

Zubereitungszeit: ca. ½ Stunde
Backzeit: ca. 40 Minuten

Sie benötigen für ca. 16 Stücke:

Für den Rührteig:

4 Eigelb
100–150 g Honig, 4 EL Wasser
1 TL gemahlenen Zimt
¼ TL gemahlene Vanille
1 EL Rum
100 g Buchweizen
100 g Haselnüsse
2 TL Weinsteinbackpulver
300 g Möhren, 4 Eiweiß
Butter für die Form

Zum Garnieren:

Schlagsahne

So wird's gemacht:

1. Die Eigelbe mit dem Honig und dem Wasser schaumig schlagen und den Zimt, die Vanille und den Rum hinzugeben.

2. Den Buchweizen und die Haselnüsse fein mahlen und mit dem Backpulver mischen. Die Möhren putzen, waschen und fein reiben. Die Eiweiße steif schlagen.

3. Das Mehl, die Möhren und den Eischnee mit einem Rührlöffel vorsichtig unter die Eigelbmasse heben.

4. Eine Springform (26 cm ø) ausfetten und den Backofen auf 180° C vorheizen. Den Teig in die Form füllen und mit einem nassen Löffel glattstreichen.

5. Die Form auf der untersten Einschubleiste in den Backofen schieben und die Torte 35 bis 40 Minuten backen.

6. Den Springformrand lösen, die Torte auf ein Kuchengitter stürzen, den Boden der Form abheben und die Torte am besten 1 Tag durchziehen lassen.

7. Vor dem Servieren etwas Schlagsahne in einen Spritzbeutel füllen. Die Torte mit Tupfen garnieren.

Apfel-Sahne-Torte

Zubereitungszeit: ca. 25 Minuten
Backzeit: ca. 25 Minuten

Sie benötigen für ca. 16 Stücke:

Für den Mürbeteig:

100 g Butter
2 EL Honig, 1 Ei
¼ TL gemahlene Vanille
100 g Hirse
50 g Buchweizen
50 g Haselnüsse
½ TL Weinsteinbackpulver
Butter für die Form

Für den Belag:

3 Äpfel
etwas Zitronensaft
200 g Sahne
½ TL gemahlenen Zimt
2 Kiwis

So wird's gemacht:
1. Die Butter mit dem Honig und dem Ei schaumig rühren und die Vanille hinzugeben.
2. Die Hirse und den Buchweizen sowie die Haselnüsse fein mahlen und mit dem Backpulver mischen.
3. Das Mehl zu der Buttermasse geben und alles mit dem Handrührgerät zu einem weichen Teig verkneten.
4. Eine Springform (26 cm ⌀) ausfetten, den Teig hineingeben, mit einem nassen Löffel glattstreichen und dabei einen etwa 1 Zentimeter hohen Rand formen.
5. Die Form auf der mittleren Einschubleiste in den kalten Backofen schieben und den Boden bei 200° C 20 bis 25 Minuten goldbraun backen. Danach den Boden auf einem Kuchengitter gut auskühlen lassen und aus der Form lösen.
6. Die Äpfel schälen, fein reiben und mit etwas Zitronensaft beträufeln, damit sie nicht braun werden. Die Sahne steif schlagen und zusammen mit dem Zimt unter die Äpfel heben. Dann die Sahnemasse auf dem Tortenboden verteilen.
7. Die Kiwis schälen, in dünne Scheiben schneiden und diese dekorativ auf die Torte legen.

Variation
Statt der Haselnüsse können Sie auch 50 Gramm Hirse oder Mais verwenden.

Johannisbeertorte

Zubereitungszeit: ca. ½ Stunde
Kühlzeit: ca. ½ Stunde
Backzeit: ca. ¾ Stunden

Sie benötigen für ca. 16 Stücke:

Für den Teig:

150 g Mais
100 g Buchweizen
1 TL Weinsteinbackpulver
80–100 g Honig
¼ TL gemahlene Vanille
150 ml Milch
Butter für die Form

Für den Belag:

500 g rote Johannisbeeren
100 g schwarze Johannisbeeren

So wird's gemacht:

1. Den Mais und den Buchweizen fein mahlen und mit dem Backpulver mischen.
2. Den Honig und die Vanille dazugeben. Dann langsam die Milch dazugießen und alles zu einem festen, aber geschmeidigen Teig verkneten.
3. Eine Springform (26 cm ∅) ausfetten und den Teig sofort hineingeben, dann glattdrücken und dabei einen etwa 1 Zentimeter hohen Rand formen. Anschließend die Form für etwa ½ Stunde in den Kühlschrank stellen.
4. In der Zwischenzeit die Johannisbeeren waschen und die Beeren von den Rispen abstreifen. Dann die Beeren gleichmäßig auf dem Tortenboden verteilen.
5. Die Form auf der mittleren Einschubleiste in den kalten Backofen schieben und die Torte bei 200° C etwa eine ¾ Stunde backen.

Variation

Sie können die Johannisbeertorte auch mit einem Guß versehen. Das Rezept für einen klaren Tortenguß finden Sie auf der Seite 61 im Rezept »Bunte Obsttorte«. Für die Johannisbeertorte ersetzen Sie dabei den Apfelsaft durch Johannisbeersaft. Wenn der Guß fest ist, können Sie die Torte mit einigen Sahnetupfen garnieren.

Nußtorte

Zubereitungszeit: ca. ½ Stunde
Backzeit: ca. 35 Minuten

Sie benötigen für ca. 16 Stücke:

Für den Teig:
4 Eigelb
4 EL Wasser
120–150 g Honig
½ TL gemahlene Vanille
200 g Haselnüsse
4 Eiweiß
1 TL Weinsteinbackpulver
Butter für die Form

Zum Garnieren:
100 g Sahne
16 Haselnüsse

So wird's gemacht:

1. Die Eigelbe mit dem Wasser und dem Honig zu einem hellgelben dicklichen Schaum schlagen und die Vanille hinzugeben.
2. Die Haselnüsse möglichst fein mahlen. Die Eiweiße steif schlagen.
3. Die Nüsse und den Eischnee zusammen mit dem Backpulver mit Hilfe eines Rührlöffels vorsichtig unter den Eigelbschaum heben.
4. Den Backofen auf 180°C vorheizen und eine Springform (26 cm ø) ausfetten. Den Nußteig in die Form füllen und mit einem nassen Löffel glattstreichen.
5. Die Form auf der mittleren Einschubleiste in den vorgeheizten Backofen schieben und die Torte bei 180°C 30 bis 35 Minuten backen.
6. Dann die Nußtorte kurz abkühlen lassen und auf ein Kuchengitter stürzen. Wenn möglich, die Torte 1 Tag durchziehen lassen.
7. Vor dem Servieren die Sahne steif schlagen, in einen Spritzbeutel füllen und 16 Sahnetupfen auf die Torte spritzen. Danach auf jeden eine ganze Haselnuß setzen.

Variation
Statt der Haselnüsse können Sie auch Walnüsse oder Mandeln verwenden. Ebenso lassen sich 50 Gramm der gemahlenen Nüsse durch Buchweizen ersetzen.

Quinoawaffeln

Zubereitungszeit: ca. 25 Minuten
Quellzeit: ca. ½ Stunde
Backzeit: ca. 20 Minuten

Sie benötigen für ca. 5 Stück:

¼ l Milch
½ Würfel Hefe (20 g)
300 g Quinoa
1 Eigelb
1 EL Honig
1 Prise Salz
1 Eiweiß

So wird's gemacht:
1. Die Hefe zerbröseln und in der lauwarmen Milch auflösen.
2. Die Quinoakörner fein mahlen und mit der Hefemilch verrühren. Das Ganze etwa ½ Stunde quellen lassen.
3. Danach das Eigelb, den Honig und das Salz hinzufügen und alles gut verrühren. Zum Schluß das Eiweiß steif schlagen und darunterheben.
4. Das Waffeleisen vorheizen. Jeweils 2 bis 3 Eßlöffel Teig hineingeben und nacheinander die Waffeln backen.

Variation
Sie können die Hälfte des Quinoas auch durch Hirse oder Buchweizen ersetzen.

Buchweizenplätzchen

Zubereitungszeit: ca. ½ Stunde
Kühlzeit: ca. 1 Stunde
Backzeit: ca. ¼ Stunde

Sie benötigen für ca. 40 Stück:

Für den Teig:

125 g Butter
100 g Honig
1 Ei
150 g Buchweizen
50 g Hirse
50 gemahlene Haselnüsse
1 TL Weinsteinbackpulver
¼ TL gemahlene Vanille
abgeriebene Schale von
1 unbehandelten Zitrone
Butter für die Form

Zum Verzieren:

etwa 40 Haselnüsse

So wird's gemacht:
1. Die Butter mit dem Honig und dem Ei schaumig rühren.
2. Den Buchweizen und die Hirse sowie die Haselnüsse fein mahlen und zusammen mit dem Backpulver, der Vanille und der Zitronenschale zu der Buttermasse geben.
3. Alle Zutaten zu einem glatten Teig verkneten und diesen zu einer Kugel formen. Den Teig zugedeckt im Kühlschrank mindestens 1 Stunde ruhen lassen.
4. Anschließend ein Backblech ausfetten. Den Teig auf einem bemehlten Brett zu einer Rolle formen. Von der Teigrolle dünne Scheiben abschneiden und auf das Backblech legen. Auf jede Scheibe eine ganze Haselnuß setzen.
5. Das Blech auf der mittleren Einschubleiste in den Backofen schieben und die Plätzchen bei 200°C 10 bis 15 Minuten backen.

Amaranthpopcorn

Zubereitungszeit: ca. ¼ Stunde

Sie benötigen für 1 Portion:

1 EL Amaranthkörner

So wird's gemacht:
1. Einen großen Topf mit Stiel oder eine Pfanne auf einer Herdplatte heiß werden lassen.
2. Dann die Amaranthkörner hineingeben und den Topf oder die Pfanne sofort mit einem Deckel verschließen.
3. Danach den Topf oder die Pfanne von der Herdplatte nehmen. Sobald das Zischen im Inneren nachläßt, den Topf ein wenig schütteln, aber den Deckel erst dann öffnen, wenn das Zischen ganz aufgehört hat.
4. Die gepufften Körner in einer Schüssel abkühlen lassen.

Amaranthkonfekt

Sie benötigen für ca. 40 Stück:

2 EL Butter, 2–4 EL Honig
½ TL gemahlenen Zimt
2–3 EL Sahne
2 gestr. TL Kakaopulver
1 Tasse Amaranthpopcorn

So wird's gemacht:
1. Die Butter in einem Topf langsam schmelzen lassen. Den Honig, den Zimt, die Sahne und den Kakao hinzufügen und alles verrühren.
2. Dann das Amaranthpopcorn darunterziehen.
3. Anschließend die Masse etwa fingerdick auf einem Brett ausstreichen und im Kühlschrank fest werden lassen.
4. Das Konfekt vor dem Verzehr in Stücke schneiden.

Kräuter-Champignon-Tarte

Zubereitungszeit: ca. 35 Minuten
Kühlzeit: ca. ½ Stunde
Backzeit: ca. 35 Minuten

Sie benötigen für ca. 8 Stücke:

Für den Mürbeteig:
200 g Amaranth
¼ TL Salz
100 g Butter
1 Ei
Butter für die Form

Für den Belag:
750 g Champignons
4 EL Butter
2 Knoblauchzehen
6 EL feingeschnittene Petersilie, Schnittlauchröllchen und Oreganoblätter
150 g Crème fraîche
Salz
frischgemahlenen Pfeffer
150 g Mozzarella

So wird's gemacht:
1. Die Amaranthkörner fein mahlen, mit dem Salz mischen und zusammen mit der Butter und dem Ei zu einem glatten Teig verkneten.
2. Eine Pie- oder eine Springform (26 cm ⌀) ausfetten, den Teig hineinfüllen, mit einem nassen Löffel glattstreichen und etwa ½ Stunde im Kühlschrank ruhen lassen.
3. In der Zwischenzeit die Champignons putzen, kurz waschen und in Scheiben schneiden. Die Butter in einem Topf erhitzen und die Champignons darin etwa 5 Minuten andünsten.
Die Knoblauchzehen schälen, zerdrücken und mit der Crème fraîche dazugeben. Alles noch einmal aufkochen lassen.
4. Dann die feingehackten Kräuter darunterziehen und alles mit Pfeffer und Salz abschmecken. Die Champignonmasse auf dem Tarteboden gleichmäßig verteilen.
5. Den Mozzarella in dünne Scheiben schneiden und die Tarte damit belegen.
6. Die Form auf der mittleren Einschubleiste in den kalten Backofen schieben und die Tarte bei 200° C 30 bis 35 Minuten backen.

Fladenbrötchen

Zubereitungszeit: ca. 25 Minuten
Quellzeit: ca. ½ Stunde
Backzeit: ca. ½ Stunde

Sie benötigen für ca. 12 Stück:

Für den Teig:

100 g Buchweizen
100 g Hirse
50 g Mais
50 g Reis
1½ TL gemahlenen Kümmel
1 TL Fenchel
1 TL Koriander
1 gestr. TL Salz
50 g geriebenen Emmentaler
300 ml lauwarmes Wasser
Butter für das Blech

Zum Bestreuen:

Sonnenblumenkerne
oder Leinsamen

So wird's gemacht:
1. Das Getreide fein mahlen und mit den Gewürzen und dem Salz mischen.
2. Den geriebenen Käse und das lauwarme Wasser hinzufügen und alle Zutaten zu einem weichen Tag verrühren. Diesen zugedeckt etwa ½ Stunde bei Zimmertemperatur quellen lassen.
3. Ein Backblech ausfetten. Mit Hilfe eines Eßlöffels aus dem Teig etwa zwölf Häufchen auf das Blech setzen, diese mit einem nassen Löffel etwas flacher drücken und die Oberfläche glattstreichen.
4. Die Fladenbrötchen mit den Sonnenblumenkernen oder dem Leinsamen bestreuen.
5. Das Blech auf der mittleren Einschubleiste in den kalten Backofen schieben und die Fladenbrötchen bei 200°C 25 bis 30 Minuten backen.

Erbsenmehlfladen

Zubereitungszeit: ca. 25 Minuten
Kühlzeit: ca. ½ Stunde
Backzeit: ca. ¼ Stunde

Sie benötigen für 4 Stück:

150 g gelbe oder grüne getrocknete Erbsen
100 g Buchweizen
1 kleine Zwiebel
3–5 EL frische Kräuter
1 TL Salz
etwa 150 ml lauwarmes Wasser
Butter für das Blech

So wird's gemacht:
1. Die Erbsen und den Buchweizen fein mahlen. Achtung, dies ist nur möglich, wenn Ihre Getreidemühle auch Mais mahlt!
2. Die Zwiebel schälen und die Kräuter waschen und abtropfen lassen. Beides sehr fein hacken und zu dem Mehl geben.
3. Das Salz in dem Wasser auflösen, dazugießen und alle Zutaten zu einem weichen Teig verkneten. Diesen zu einer Kugel formen und etwa ½ Stunde ruhen lassen.
4. Den Backofen auf 220°C vorheizen und ein Backblech ausfetten. Den Teig in vier Stücke teilen und jedes zu einem dünnen, runden Fladen ausrollen. Jeden Fladen einzeln auf das gefettete Backblech geben und im Backofen 12 bis 15 Minuten backen.
5. Die Fladen auf einem Kuchengitter kurz auskühlen lassen und am besten ganz frisch servieren.

Buchweizenbrot

Zubereitungszeit: ca. 1 Stunde
Zeit zum Gehen für den Vorteig:
ca. 12 Stunden
Zeit zum Gehen für den Hauptteig:
ca. 2 ¾ Stunden
Backzeit: ca. 1 ¼ Stunden

Sie benötigen für 1 Brot:

Für den Vorteig:

400 g Buchweizen
1 TL Backferment
2 EL Grundansatz oder Sauerteigansatz
400 ml etwa 35 °C warmes Wasser

Für den Hauptteig:

100 g Buchweizen
200 g Mais
300 g Hirse
2 TL Salz
250–300 ml etwa 45 °C warmes Wasser
Butter für die Form

So wird's gemacht:

1. Den Buchweizen für den Vorteig fein mahlen. Das Backferment und den Grundansatz in dem warmen Wasser klümpchenfrei auflösen, zu dem Mehl gießen und alles zu einem weichen Brei verrühren.
2. Den Brei mit einem feuchten Tuch abdecken und etwa 12 Stunden (oder über Nacht) bei Zimmertemperatur gehen lassen.
3. Am nächsten Morgen den Buchweizen, den Mais und die Hirse für den Hauptteig fein mahlen und mit dem Salz mischen.
4. Das Mehl zusammen mit dem warmen Wasser zum Vorteig geben und alle Zutaten mit einem Holzlöffel zu einem weichen Teig verrühren. Der Teig läßt sich schwer mit den Händen bearbeiten, weil er sehr feucht und klebrig ist.
5. Anschließend den Teig noch einmal mit einem feuchten Tuch abdecken und an einem warmen Ort etwa 2 Stunden gehen lassen. Das Volumen des Teiges sollte sich danach etwas vergrößert haben.
6. Eine große Brotbackform ausfetten. Den Teig noch einmal gut durchrühren und dann in die Form füllen (sie sollte zu ¾ gefüllt sein). Die Oberfläche mit einem nassen Löffel glattstreichen und mit einem Messer mehrmals nach Belieben einschneiden. Den Teig an einem warmen Ort noch einmal ½ bis eine ¾ Stunde gehen lassen.
7. Danach die Teigoberfläche vorsichtig mit lauwarmem Wasser bestreichen. Die Form auf der untersten Einschubleiste in den kalten Backofen schieben und das Brot bei 200 °C etwa 1 Stunde backen. Dann noch eine weitere ¼ Stunde im ausgeschalteten Backofen stehen lassen.
8. Das Brot auf ein Kuchengitter stürzen und vor dem Anschneiden mindestens 1 Tag ruhen lassen.

Rezeptverzeichnisse

Zur besseren Übersicht sind hier die Rezepte nach den Grundteigarten und nach Kapiteln gegliedert aufgeführt. Näheres zu den Grundteigen können Sie auch im Kapitel »Grundrezepte« auf den Seiten 28 bis 41 nachlesen. Auf der folgenden Seite sind die Rezepte nochmals in alphabetischer Reihenfolge aufgelistet.

Grundrezepte
Biskuitteig 41
Brandteig 39
Hefeteig 33
Mürbeteig 35
Quark-Öl-Teig 37
Rührteig 31
Sauerteigansatz 26
Strudelteig 36

Süßes aus Rührteig
Aprikosenmichel 46
Dinkel-Haselnuß-Waffeln 52
Haferflockentorte 71
Mandelhörnchen, knusprige 52
Mandeltörtchen 52
Marmorkuchen 45
Obsttorte mit Baiserhaube 78
Orangenkuchen 44
Pfirsich-Quark-Torte 84
Pflaumenkuchen 66
Rhabarberkuchen, gestürzter 75

Süßes und Pikantes aus Hefeteig
Äpfel im Schlafrock 56
Apfelkuchen, gedeckter 72
Apfel-Zwiebel-Kuchen 95
Butterkuchen, Holsteiner 50
Champignonpizza 89
Käse-Sahne-Torte mit
    Kokosraspeln 80
Lauchkrapfen 99
Mangoldblechkuchen 90
Pizza, bunte 88
Pfirsichnapfkuchen 48
Rhabarberkuchen 67
Savarin 47
Streuselkuchen 51
Zwetschgenstreuselkuchen 64

Süßes und Pikantes aus Mürbeteig
Aprikosentorte mit
    Johannisbeeren 74
Brombeertorte 62
Käsekuchen,
    Großmutters 78
Käsewähe, Schweizer 96
Kräuterwähe 96
Kürbistarte 93
Lauchquiche 94
Mandeltaler 57
Mürbeteigtörtchen 63
Obsttorte, bunte 61
Quittentorte 81
Rhabarbertorte mit Sahneguß 77
Träublestorte, schwäbische 70
Zitronenkekse 57

Süßes und Pikantes aus Strudelteig
Apfelstrudel 76
Gemüsestrudel 98

Süßes und Pikantes aus Quark-Öl-Teig
Apfeltarte 65
Rahmzwiebelkuchen 93
Rhabarber-Schmand-Kuchen 69
Rote-Bete-Tarte 91
Traubentorte 69

Süßes aus Brandteig
Sahneschwäne 54
Schokoladenéclairs 55

Süßes aus Biskuitteig
Birnen-Schoko-Torte 83
Tiramisutorte 84
Zitronentorte 60

Brötchen und Brote
Dreikornbrot 117
Hefefladenbrot 120
Joghurtbrötchen 104
Kartoffelbrot 119
Knäckebrot mit Sauerteig 123
Korbbrot 111
Körnerbrot 112
Kümmelringbrot 106
Kürbisbrot 118
Leinsamenfladen 121
Mandelbrötchen 103
Mehrkornbrötchen 102
Müslibrot, knuspriges 108
Pariser Brot 110
Roggenbrötchen 105
Roggenknusper 122
Roggenmischbrot 117
Roggensauerteigbrot 114
Rosinenbrötchen 102
Sonntagszopf 106

Weihnachtsgebäck
Ausstecherle 138
Dattellebkuchen 134
Früchtekuchen 131
Haferflockenplätzchen 138
Haselnußlebkuchen 134
Haselnußstollen 129
Honigkuchen, gefüllte 132
Hufeisen 137
Klöben – norddeutscher
    Weihnachtsstollen 128
Lebkuchenhaus 142
Mandelkonfekt 141
Marzipanplätzchen 136
Orangenkränze 140
Walnußecken 135
Zimtmakronen 140
Zimttorte 130

Spezielles für Getreideallergiker
Amaranthkonfekt 153
Amaranthpopcorn 153
Apfel-Sahne-Torte 148
Buchweizenbrot 158
Buchweizenplätzchen 153
Erbsenmehlfladen 157
Fladenbrötchen 156
Johannisbeertorte 149
Kräuter-Champignon-Tarte 154
Möhren-Haselnuß-Torte 146
Nußtorte 150
Quinoawaffeln 151

Amaranthkonfekt 153
Amaranthpopcorn 153
Äpfel im Schlafrock 56
Apfelkuchen, gedeckter 72
Apfel-Sahne-Torte 148
Apfelstrudel 76
Apfeltarte 65
Apfel-Zwiebel-Kuchen 95
Aprikosenmichel 46
Aprikosentorte mit
  Johannisbeeren 74
Ausstecherle 138

Birnen-Schoko-Torte 83
Brombeertorte 62
Buchweizenbrot 158
Buchweizenplätzchen 153
Butterkuchen, Holsteiner 50

Champignonpizza 89

Dattellebkuchen 134
Dinkel-Haselnuß-Waffeln 52
Dreikornbrot 117

Erbsenmehlfladen 157

Fladenbrötchen 156
Früchtekuchen 131

Gemüsestrudel 98
Grundrezept Biskuitteig 41
Grundrezept Brandteig 39
Grundrezept Hefeteig 33
Grundrezept Mürbeteig 35
Grundrezept Quark-Öl-Teig 37
Grundrezept Rührteig 31
Grundrezept Sauerteigansatz 26
Grundrezept Strudelteig 36

Haferflockenplätzchen 138
Haferflockentorte 71
Haselnußlebkuchen 134

Haselnußstollen 129
Hefefladenbrot 120
Honigkuchen, gefüllte 132
Hufeisen 137

Joghurtbrötchen 104
Johannisbeertorte 149

Kartoffelbrot 119
Käsekuchen, Großmutters 78
Käse-Sahne-Torte mit
  Kokosraspeln 80
Käsewähe, Schweizer 96
Klöben – norddeutscher
  Weihnachtsstollen 128
Knäckebrot mit Sauerteig 123
Korbbrot 111
Körnerbrot 112
Kräuter-Champignon-Tarte 154
Kräuterwähe 96
Kümmelringbrot 106
Kürbisbrot 118
Kürbistarte 93

Lauchkrapfen 99
Lauchquiche 94
Lebkuchenhaus 142
Leinsamenfladen 121

Mandelbrötchen 103
Mandelhörnchen, knusprige 52
Mandelkonfekt 141
Mandeltaler 57
Mandeltörtchen 52
Mangoldblechkuchen 90
Marmorkuchen 45
Marzipanplätzchen 136
Mehrkornbrötchen 102
Möhren-Haselnuß-Torte 146
Mürbeteigtörtchen 63
Müslibrot, knuspriges 108

Nußtorte 150

Obsttorte, bunte 61
Obsttorte mit Baiserhaube 78
Orangenkränze 140
Orangenkuchen 44

Pariser Brot 110
Pfirsichnapfkuchen 48
Pfirsich-Quark-Torte 84
Pflaumenkuchen 66
Pizza, bunte 88

Quinoawaffeln 151
Quittentorte 81

Rahmzwiebelkuchen 93
Rhabarberkuchen 67
Rhabarberkuchen, gestürzter 75
Rhabarber-Schmand-Kuchen 69
Rhabarbertorte mit Sahneguß 77
Roggenbrötchen 105
Roggenknusper 122
Roggenmischbrot 117
Roggensauerteigbrot 114
Rosinenbrötchen 102
Rote-Bete-Tarte 91

Sahneschwäne 54
Savarin 47
Schokoladenéclairs 55
Sonntagszopf 106
Streuselkuchen 51

Tiramisutorte 84
Traubentorte 69
Träublestorte, schwäbische 70

Walnußecken 135

Zimtmakronen 140
Zimttorte 130
Zitronenkekse 57
Zitronentorte 60
Zwetschgenstreuselkuchen 64

In gleicher Ausstattung sind erschienen: Brotbacken · Grillen · Italienische Küche · Chinesische Küche · Lieblingsrezepte · Kalte Platten · Salate · Vegetarische Küche · Garnieren und Verzieren · Fondues und Raclettes · Single-Küche · Cocktails · Vollwertküche · Flambieren · Französische Küche · Keime und Sprossen · Bistroküche · Festlich kochen und backen · Feine Salate

CIP-Titelaufnahme der Deutschen Bibliothek

Die **feine Vollkornbackstube** / Maren Bustorf-Hirsch.
Niedernhausen/Ts. : FALKEN, 1990
  (FALKEN Sachbuch)
  ISBN 3-8068-4474-7

ISBN 3 8068 4474 7

© 1990 by Falken-Verlag GmbH, 6272 Niedernhausen/Ts.
Die Verwertung der Texte und Bilder, auch auszugsweise, ist ohne Zustimmung des Verlages urheberrechtswidrig und strafbar. Dies gilt auch für Vervielfältigungen, Übersetzungen, Mikroverfilmung und für die Verarbeitung mit elektronischen Systemen.
Titelbild: TLC-Foto-Studio GmbH, Velen-Ramsdorf (auf dem Titelbild: oben: Bunte Obsttorte, Rezept Seite 61; unten links: Korbbrot (in der Form gebacken), Rezept Seite 111; unten rechts: Sahneschwan, Rezept Seite 54
Fotos: S. 1, 14 und 27 Fotostudio Eberle, Schwäbisch-Gmünd; S. 18/19 FALKEN Archiv; S. 17 Udo Janssen, Emden; S. 7 und 15 Reinhard-Tierfoto, Heiligkreuzsteinach-Eiterbach; S. 6, 9, 20/21 und 22 TLC-Foto-Studio GmbH, Velen-Ramsdorf; S. 11 und 23 Michael Wissing BFF, Waldkirch; alle übrigen Fotos Anschlag & Goldmann Photodesign, Borken
Satz: LibroSatz, Kriftel bei Frankfurt
Druck: Appl, Wemding